财经商贸大类大数据与会计专业技能应用型教材

Python 财务基础

金志刚　白　云　王素珍　主　编

魏友友　黄志艳　副主编

电子工业出版社.

Publishing House of Electronics Industry

北京·BEIJING

内 容 简 介

本书基于 Python 3.10，以项目的形式组织内容，循序渐进地讲解 Python 财务分析的基本原理及其具体应用方法。

本书共 5 个项目，分别为 Python 基础知识、NumPy 数组、财务数据的采集、财务数据处理与可视化、财务报表分析。

本书实例丰富、内容翔实、简单易学，不仅适合作为职业院校财务会计相关专业的教材，也可供从事数据分析相关工作的专业人士参考。

图书在版编目（CIP）数据

Python 财务基础 / 金志刚，白云，王素珍主编. —北京：电子工业出版社，2022.7

ISBN 978-7-121-43809-7

Ⅰ．①P… Ⅱ．①金…②白…③王… Ⅲ．①软件工具－程序设计－应用－财务管理－高等职业教育－教材 Ⅳ．①F275

中国版本图书馆 CIP 数据核字（2022）第 111666 号

责任编辑：薛华强　　　　特约编辑：倪荣霞
印　　刷：涿州市般润文化传播有限公司
装　　订：涿州市般润文化传播有限公司
出版发行：电子工业出版社
　　　　　北京市海淀区万寿路 173 信箱　　　　邮编：100036
开　　本：787×1092　1/16　　印张：13.75　　字数：352 千字
版　　次：2022 年 7 月第 1 版
印　　次：2024 年 7 月第 3 次印刷
定　　价：55.00 元

凡所购买电子工业出版社图书有缺损问题，请向购买书店调换。若书店售缺，请与本社发行部联系，联系及邮购电话：（010）88254888，88258888。

质量投诉请发邮件至 zlts@phei.com.cn，盗版侵权举报请发邮件至 dbqq@phei.com.cn。

本书咨询联系方式：（010）88254569，xuehq@phei.com.cn。

前　言

　　财务分析是一门重要的经济应用学科。财务分析以会计核算和报表资料，以及其他相关资料为依据，采用一系列专门的分析技术和方法，对企业等经济组织的过去和现在的有关筹资活动、投资活动、经营活动的偿债能力、盈利能力和营运能力状况进行分析与评价。通过财务分析，能够为企业的投资者、债权人、经营者及其他关心企业的组织或个人了解企业过去、评价企业现状、预测企业未来，作出正确决策提供准确的信息或依据。

　　一些专家认为，财务分析是一种判断的过程，旨在评估企业现在或过去的财务状况及经营成果，其主要目的在于对企业未来的状况及经营业绩进行最佳预测。

　　本书以由浅入深、循序渐进的方式展开讲解，通过经典的范例对 Python 财务分析的功能进行了详细的介绍，具有较高的实用价值。通过本书的学习，读者可以掌握 Python 财务分析的基本原理和应用方法。

一、本书特点

　　☑　实例丰富

　　本书的实例无论是数量还是种类，都非常丰富。本书结合大量的 Python 财务分析实例，详细讲解了 Python 财务分析的基本原理，让读者在学习实例的过程中潜移默化地掌握 Python 财务分析的应用方法。

　　☑　突出提升技能

　　本书从全面提升读者的 Python 财务分析实际应用能力的角度出发，通过深入剖析实例，使读者能够独立地完成各种 Python 财务分析应用操作。

　　书中的大部分实例源自 Python 财务分析项目案例，经过编者的精心提炼和改编，不仅能帮助读者学好知识点，而且能够提升读者的实际操作水平。

　　☑　技能与思政教育紧密结合

　　本书在讲解 Python 财务分析专业知识的同时，紧密结合思政教育主旋律，使读者学好专业知识的同时，还能强化思政教育。

　　☑　编者团队经验丰富

　　本书的编者都是在高校中从事 Python 财务分析教学与研究多年的一线教师，具有丰富的教学实践经验与教材编写经验。有一些编者出版过 Python 相关的书籍，这些图书经过市场的检验，很受读者欢迎。多年的教学工作使他们能够准确地把握学生的心理与实际需求。编者总结多年的开发经验及教学心得体会，力求在本书中全面、细致地展现 Python 财务分析应用领域的基本原理和应用方法。

☑ 项目形式，实用性强

本书采用项目的形式组织内容，把 Python 财务分析的理论知识分解并融入每个项目中，增强了本书的实用性。

二、本书的基本内容

本书共 5 个项目，分别为 Python 基础知识、NumPy 数组、财务数据的采集、财务数据处理与可视化、财务报表分析。

三、关于本书的服务

1. 关于本书的技术问题或有关本书信息的发布

读者若遇到有关本书的技术问题，可以将问题发送到电子邮箱 714491436@qq.com，我们将及时回复，也欢迎各位读者加入图书学习 QQ 交流群（785176605）交流探讨。

2. 配套资源

为满足教师的教学需求，本书配备了丰富的教学资源，包括电子课件、源文件等，读者可以登录华信教育资源网注册后免费下载相关资源。

本书由兰州资源环境职业技术大学的金志刚、西安交通工程学院的白云、延安职业技术学院的王素珍担任主编，长沙商贸旅游职业技术学院的魏友友、江苏财经职业技术学院的黄志艳担任副主编。河北军创家园文化发展有限公司为本书的出版提供了必要的帮助，在此对他们的付出表示真诚的感谢！

编　者

目　录

Python 财务基础

<section>
</section>

项目一

Python 基础知识

思政目标

➢ 引导学生自主学习，对比其他编程语言，与时俱进，学习 Python 语言。

➢ 组织与引导学生积极参与和体验课程学习小组讨论程序结构的学习。

技能目标

➢ 掌握 Python、PyCharm 的安装方法。

➢ 熟悉 PyCharm 的编辑环境。

➢ 掌握安装 Python 模块库的方法。

项目导读

Python 最突出的特点就是简洁，它用更直观的、符合人们思维习惯的代码，代替了 C 语言和 FORTRAN 语言的冗长代码。Python 给用户带来的是最直观、最简洁的程序开发环境。

任务一　Python 基础

任务引入

小白是一名会计，需要使用 Python 做报表。那么，Python 软件如何下载安装？软件界面是什么样的呢？

知识准备

Python 是一门简单易学且功能强大的编程语言。它拥有高效的高级数据结构，并且能够用简单而又高效的方式进行面向对象编程。

一、Python 简介

Python 由荷兰数学和计算机科学研究学会的吉多·范罗苏姆（Guido van Rossum）于 20 世纪 90 年代初设计，作为一种称作 ABC 语言的替代品。Python 提供了高效的高级数据结构，还能简单有效地面向对象编程。

1989 年，Guido van Rossum 为了克服 ABC 语言非开放的缺点，并受 Modula-3 的影响，结合了 UNIX Shell 和 C 语言的特点，开发了一个新的脚本解释程序 Python。

从 20 世纪 90 年代初 Python 语言诞生至今，它已被广泛应用于系统管理任务的处理和 Web 编程。Python 现今已经成为最受欢迎的程序设计语言之一。

1995 年，Guido van Rossum 在弗吉尼亚州的国家创新研究公司继续他在 Python 上的工作，发布了该软件的多个版本。

2000 年 5 月，Guido van Rossum 和 Python 核心开发团队转到 BeOpen.com 并组建了 BeOpen PythonLabs 团队。同年 10 月，BeOpen PythonLabs 团队转到 Digital Creations（现为 Zope Corporation）。

2000 年 10 月 16 日，Python 发布了 Python 2，该系列稳定版本是 Python 2.7。从 2004 年以后，Python 的使用率呈线性增长。

2001 年，Python 软件基金会（Python Software Foundation，PSF）成立，这是一个专为拥有 Python 相关知识产权而创建的非营利组织。

2008 年 12 月 3 日，Python 发布了 Python 3，该版本不完全兼容 Python 2。

2021 年 10 月 4 日，Python 正式发布了 3.10 版本。

二、安装 Python

Python 是一种解释性脚本语言，因此要想让编写的代码得以运行，需要先安装 Python 解释器。

1. Python 下载

打开 Python 官方下载界面，如图 1-1 所示，向下滑动页面，在"Looking for a specific release?"选项组下显示不同版本的 Python，如图 1-2 所示。

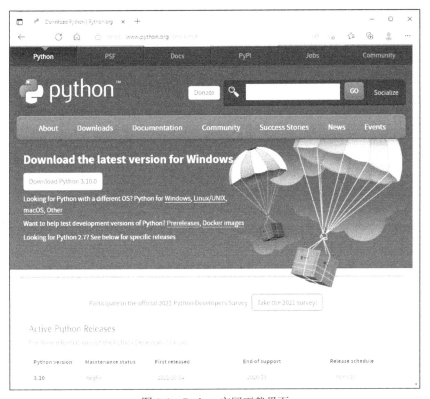

图 1-1 Python 官网下载界面

若需要下载 Python 3.10.0，直接单击"Download Python 3.10.0"按钮，下载 Python 3.10.0 的安装文件 python-3.10.0-amd64.exe（64 位完整的离线安装包）。

> **提示**
>
> 每个版本的 Python 根据不同的计算机安装系统，分为不同的安装软件。计算机安装系统包括 Windows、Linux、UNIX、macOS 等。学生一般都使用 Windows 系统，因此这里只介绍 Windows 环境下下载的 Python 3.10.0 软件及其安装过程。本书中介绍的程序也是在该系统下进行演示的。

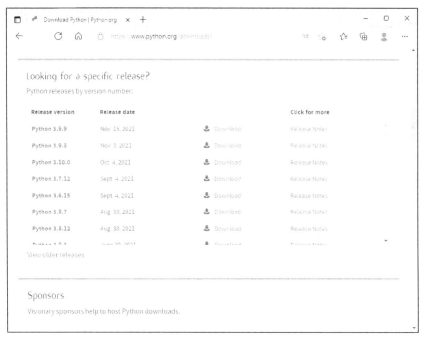

图 1-2　选择不同的 Python 版本

2. 软件安装

（1）双击安装文件 python-3.10.0-amd64.exe，弹出"Python 3.10.0(64-bit) Setup"对话框中的安装界面 Install Python 3.10.0(64-bit)，下面介绍该界面中的选项。

- Install Now：默认安装且默认安装路径不能更改（一般默认安装在 C 盘）。
- Customize installation：自定义安装。
- Install launcher for all users(recommended)：默认勾选该复选框，为所有用户安装启动器。
- Add Python 3.10 to PATH：勾选该复选框，将 Python 自动加到环境变量中，默认未勾选该复选框。

（2）在该界面中勾选"Add Python 3.10 to PATH"复选框，如图 1-3 所示。这样可以将 Python 命令工具所在目录添加到系统 Path 环境变量中，以后开发程序或者运行 Python 命令会非常方便。

■ 提示

　　勾选"Add Python 3.10 to PATH"复选框这步非常重要，若不勾选该复选框，在软件安装完成进行检查时，命令行提示符显示"'python'不是内部或外部命令，也不是可运行的程序或批处理文件"，如图 1-4 所示。若要解决这种问题，则需要手动在计算机的环境变量中添加 Python 安装路径。

图 1-3　安装界面

图 1-4　安装错误信息

（3）单击"Customize installation"（自定义安装）按钮，弹出"Python 3.10.0(64-bit) Setup"对话框中的选项设置界面 Optional Features，选择默认参数设置，如图 1-5 所示。下面介绍该界面中的部分选项。

图 1-5　选项设置界面

- Documentation：勾选该复选框，安装 Python 帮助文档。
- pip：勾选该复选框，安装下载 Python 的工具 pip，pip 是现代通用的 Python 包管理工具，英文全称是 Python install packages。
- td/tk and IDLE：安装标准库测试套件 Tkinter 和 IDLE。
- py launcher：安装 Python 的发射器。
- for all users（requires elevation）：适用所有用户。

（4）单击"Next"（下一步）按钮，进入下一个高级设置界面 Advanced Options，在"Customize install location"文本框中更改安装地址（不建议安装在 C 盘），其余选择默认设置，如图 1-6 所示。

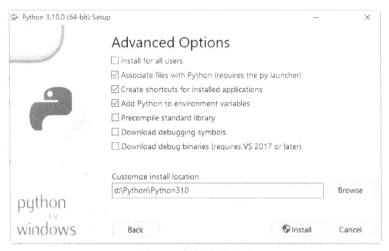

图 1-6　高级设置界面

（5）确定好安装路径后，单击"Install"（安装）按钮，此时对话框内会显示安装进度，如图 1-7 所示。由于系统需要复制大量文件，因此需要等待几分钟。在安装过程中，可以随时单击"Cancel"（取消）按钮来终止安装过程。

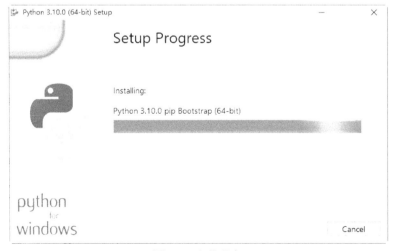

图 1-7　安装进度

（6）安装结束后，会出现一个安装成功界面 Setup was successful，如图 1-8 所示。单击"Close"（关闭）按钮，即可完成 Python 3.10.0 的安装工作。

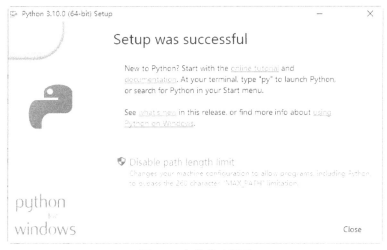

图 1-8　安装成功界面

3．安装检查

Python 安装结束后，需要检查安装是否成功。安装结束后，在计算机"开始"界面输入"cmd"打开命令提示符，输入"Python"，按〈Enter〉键，出现如图 1-9 所示的运行结果，表示 Python 安装成功。

图 1-9　安装检查

三、Python 数据类型

数据类型一般指数据元。数据元，也称数据元素，是用一组属性描述其定义、标识、表示和允许值的数据单元，在一定语境下，通常用于构建一个语义正确、独立且无歧义的特定概念语义的信息单元。

按照数据的结构进行分类，Python 中的数据主要包括 Number（数值）、String（字符串）、list（列表）、range（区间）、tuple（元组）、set（集合）、dictionary（字典）。

1. 数值

这里的数值指单个的由阿拉伯数字及一些特殊字符组成的数值，而不是由一组组的数值组成的对象。

2. 字符串

字符主要由 26 个英文字母及空格等一些特殊符号组成，根据存储格式的不同，分为字符常量与字符串常量。其中，所有的空格和制表符都照原样保留。

（1）字符常量是用一对单引号括起来的单个字符，如'a'。

（2）字符串常量是用一对双引号括起来的零个或者多个字符序列，如"Who are you"。

（3）字符串常量是用一对三引号括起来的零个或者多个字符序列。如"""what's your name？"""。

> **提示**
>
> 单引号与双引号的作用其实是一样的，但是当引号里包含单引号时，则该引号需使用双引号，例如：如"""what's your name？"""。三引号可以表示一个多行的字符串，可以在三引号中自由使用单引号和双引号。

Python 的字符串列表有 2 种取值顺序。

（1）从左到右索引默认 0 开始的，最大值是字符串长度减 1。

（2）从右到左索引默认-1 开始的，最大值是字符串开头。

例如：

```
>>> name = 'xiao bai'    # 创建字符变量
>>> name    # 显示字符变量
'xiao bai '
>>> name[3]    # 显示变量从左到右索引为 3 的元素，即第四个元素
'o'
>>> name[-3]    # 显示变量从右到左索引为-3 的元素，即从右到左第三个元素
'b'
```

3. 列表

列表是任意对象的有序集合，列表通常由中括号创建，元素之间用逗号隔开。这里的任意对象既可以是列表嵌套列表，也可以是字符串，例如：

```
>>> student = ['name',['Wang','Li'],'Age',[20,23]]
>>> student
```

运行结果如下：

```
['name', ['Wang', 'Li'], 'Age', [20, 23]]
```

每个列表变量中的元素从 0 开始计数，如下代码可以选取列表中的元素：

```
>>> student[1]
['Wang', 'Li']
>>> student[0]
'name'
```

remove 函数用于列表删除操作，只要在变量名字后面加个点号就可以轻松调用。

案例——列表的创建与删除

解： Python 程序如下：

```
>>> A=[1,2,3,4]      # 创建列表变量 A
>>> C='efg'      # 创建字符变量 C
>>> D=2      # 创建数值变量 D
>>> E=[A,C,D]      # 创建列表变量 E
>>> E      # 显示列表变量 E
[[1, 2, 3, 4], 'efg', 2]
>>> E[2]      # 显示列表变量 E 中索引为 2 的元素，即第三个元素
2
>>> E.remove(2)      # 删除列表变量 E 中索引为 2 的元素，即第三个元素
>>> E
[[1, 2, 3, 4], 'efg']
```

> **提示**
>
> Python 有自动补全功能，选中目标方法或者函数，按〈Tab〉键即可快速输入，如图 1-10 所示。

图 1-10　Python 自动补全功能

4．区间

区间类似于一个整数列表，是一个可迭代对象（类型是对象），区间也是一种数据结构，range 函数调用格式如下：

```
range(start, stop[, step])
```

其中，参数说明介绍如下。

- start：从 start 开始计数，默认从 0 开始。例如：range（5）等价于 range（0，5）。
- stop：到 stop 结束计数，但不包括 stop。例如：range（0，5）是[0，1，2，3，4]，没有 5。
- step：步长，默认为 1。例如：range（0，5）等价于 range（0，5，1）。

示例代码如下：

```
>>> range(10)         # 从 0 开始到 10
[0, 1, 2, 3, 4, 5, 6, 7, 8, 9]
>>> range(1, 11)       # 从 1 开始到 11
[1, 2, 3, 4, 5, 6, 7, 8, 9, 10]
>>> range(0, 30, 5)  # 步长为 5
[0, 5, 10, 15, 20, 25]
>>> range(0, 10, 3)  # 步长为 3
[0, 3, 6, 9]
>>> range(0, -10, -1) # 负数
[0, -1, -2, -3, -4, -5, -6, -7, -8, -9]
>>> range(0)
[]
>>> range(1, 0)
[]
```

5．元组

元组与列表类似，不同之处在于元组的元素不能修改。元组变量通过小括号创建，元素之间用逗号隔开。

接下来建立一个元组，代码如下：

```
# 创建元组变量
>>> Information = ('school',('No 1','No 2','No 3','No 4'),'grade',(1,2,3,4))
>>> type(Information)                # 显示变量的类型
```

运行结果如下：

```
<class 'tuple'>
```

显示创建的变量类型为元组"tuple"。

6．集合

集合是一个无序不重复元素的序列，可以使用花括号或者 set 函数创建集合。

> **提示**
>
> 空集必须使用 set 函数创建而不能使用花括号。

接下来建立一个集合，代码如下：

```
# 创建集合变量
>>> Number = {'No 1','No 2','No 3','No 4'}
>>> type(Number)                    # 显示变量的类型
```

运行结果如下：

```
<class 'set'>
```

显示创建的变量类型为集合 "set"。

7. 字典

字典是一种可变容器模型，且可存储任意类型对象，通常使用花括号创建。字典是除列表以外 Python 中最灵活的内置数据结构类型。

字典是一个无序的键（key）值（value）对的集合，格式如下所示：

```
dic = {key1:value1, key2:value2}
```

接下来建立一个字典，代码如下：

```
>>> information = {'name':'li', 'age':'24'}
>>> print(information)
```

运行结果如下：

```
{'name':'li', 'age':'24'}
```

其中，name 是一个 key（键），li 是一个 value（值）。

四、程序结构

程序结构，就是程序的流程控制结构。对于一般的程序设计语言来说，程序结构大致可分顺序结构、选择结构与循环结构 3 种，Python 程序设计语言也不例外，如图 1-11 所示。

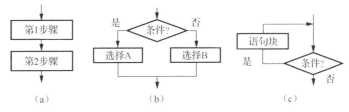

图 1-11 3 种基本结构流程图

（a）顺序结构；（b）选择结构；（c）循环结构

1. 顺序结构

顺序结构是最简单、最易学的一种程序结构，它由多个 Python 语句顺序构成，各语句之间用分号隔开，若不加分号，则必须分行编写，程序执行时也是由上至下顺序进行的。

2. 选择结构

选择结构分为单分支结构、二分支结构、多分支结构，较常用的选择结构是 if-else 结构。选择结构的一般形式如下：

```
 if     表达式：
语句组
```

3. 循环结构

在利用 Python 进行数值实验或工程计算时，用得最多的是循环结构。在循环结构中，被重复执行的语句组称为循环体。常用的循环结构有两种：for 循环与 while 循环。

（1）for 循环。

在 for 循环中，循环次数在一般情况下是已知的，除非用其他语句提前终止循环。这种循环以 for 开头，其一般形式如下：

```
for <variable> in <sequence>:
    <statements>
else:
    <statements>
```

其中，在每次循环中，迭代变量<variable>用于接收迭代对象<sequence>中元素的值，变量每取一次值，循环便执行一次，直到迭代对象的最后一项。迭代变量<variable>无特殊意义，一般使用 i 表示。

循环次数可以遍历任何可迭代对象，如一个列表或者一个字符串。如果需要遍历数字序列，可以使用 range 函数生成数字序列，作为有限的循环次数。如果迭代对象是列表或者字典，则直接用列表或者字典，此时迭代变量表示列表或者字典中的元素。

（2）while 循环。

若不知道所需要的循环到底要执行多少次，那么可以选择 while 循环，这种循环以 while 开头，其一般形式如下：

```
while    表达式：
        可执行语句 1
          ⋮
        可执行语句 n
```

其中，表达式即循环控制语句，一般是由逻辑运算或关系运算及一般运算组成。若表达式的值非零，则执行一次循环，否则停止循环。这种循环方式在编写某一数值算法时用得非常多。一般来说，能用 for 循环实现的程序也能用 while 循环实现。

案例——编写一个求 $f(x)=\begin{cases} 3x+2, & x<-1 \\ x, & -1\leqslant x \leqslant 1 \\ 2x+3, & x>1 \end{cases}$ 值的函数，并用它来求 $f(0)$ 的值

解：PyCharm 程序如下：

```python
# /usr/bin/env python3
# 这个文件用来演示如何使用"if-elif-else"
# 此函数用来求分段函数 f(x)的值
# 当 x<-1 时，f(x)=3x+2;
# 当-1<=x<=1 时，f(x)=x;
# 当 x>1 时，f(x)=2x+3;
x = 0   # 定义变量
if x<-1:
        y=3*x+2
elif -1<=x & x<=1:
        y=x
else:
        y=2*x+3
print('当 x=',x,'f(x)=',y)
```

求 $f(0)$，运行结果如下：

```
当 x= 0 f(x)= 0
```

任务二　集成开发环境 PyCharm

任务引入

小白使用 PyCharm 编辑器创建报表。PyCharm 作为一款针对初学者使用的 Python 编辑器，其配置简单、功能强大、使用起来省时省心。那么，如何安装 PyCharm 编辑器？PyCharm 编辑器怎么进行 Python 编程？

知识准备

PyCharm 是由 JetBrains 打造的一款 Python 集成开发环境（Integrated Development Environment，IDE）。PyCharm 具备一般 Python IDE 的功能如：调试、语法高亮、项目管理、代码跳转、智能提示、自动完成、单元测试、版本控制等。PyCharm 还提供了一些很好的功能用于 Django 开发，同时支持 Google App Engine 和 IronPython。

一、安装 PyCharm

1. 下载软件

登录 PyCharm 的官网，下载软件的安装文件，下载时有两个版本可以选择：

- Professional（专业版，收费）；
- Community（社区版，免费）。

一般来说，下载免费社区版版本。在"Community"下面单击"Download"（下载）按钮，下载 PyCharm 2021.3 版本的安装文件 pycharm-community-2021.3.exe，如图 1-12 所示。

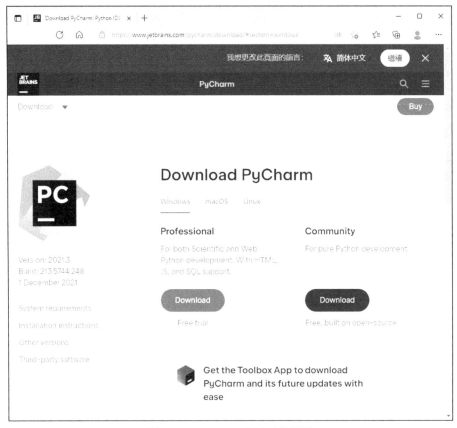

图 1-12   PyCharm 官网下载界面

2. 安装 PyCharm

双击安装文件 pycharm-community-2021.3.exe，弹出"PyCharm Community Edition Setup"对话框中的安装界面 Welcome to PyCharm Community Edition Setup，如图 1-13 所示。

图 1-13　安装界面

单击"Next"（下一步）按钮，进入下一个界面。在该界面中，用户需要选择 PyCharm 的安装路径，用户可以通过单击"Browse"（搜索）按钮，自定义其安装路径，如图 1-14 所示。

单击"Next"（下一步）按钮，出现安装选项设置 Installotion Options 界面，需要进行一些设置，如图 1-15 所示。

- PyCharm Community Edition：勾选该复选框，创建桌面快捷方式。
- Add"bin"folder to the PATH：勾选该复选框，将 PyCharm 的启动目录添加到环境变量，执行该操作后，需要重启计算机。
- Add"Open Folder as Project"：勾选该复选框，使用打开项目的方式打开此文件夹。
- .py：勾选该复选框，以后打开.py 文件就用 PyCharm 打开。勾选该复选框后，PyCharm 每次打开的速度会比较慢。

图 1-14　安装路径界面

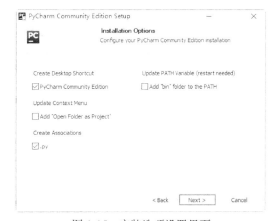

图 1-15　安装选项设置界面

单击"Next"（下一步）按钮，选择安装菜单文件界面 Choose Start Menu Folder 如图 1-16 所示。默认选择 JetBrains，单击"Install"（安装）按钮，此时对话框内会显示安装进度，如图 1-17 所示，然后等待安装完毕。

Python 财务基础

图 1-16　选择安装菜单文件

安装进度完成后会出现一个安装完成界面 Completing PyCharm Community Edition Setup，如图 1-18 所示。单击"Finish"按钮即可完成 PyCharm 的安装工作。

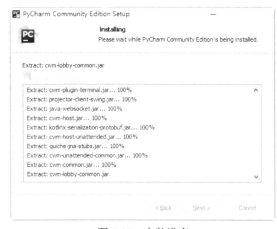

图 1-17　安装进度　　　　　　　　　　　　图 1-18　安装完成界面

二、配置 PyCharm

双击运行桌面上的 PyCharm 图标，进入用户协议界面 JETBRAINS COMMUNITY EDITION TERMS，勾选"I confirm that I have read and accept the terms of this User Agreement"复选框，同意用户使用协议，如图 1-19 所示。

单击"Continue"（继续）按钮，弹出数据共享界面 DATA SHARING，如图 1-20 所示，确定是否需要进行数据共享，单击"Don't Send"（不共享）按钮，激活 PyCharm 启动界面，如图 1-21 所示。

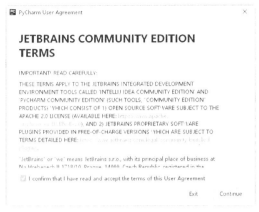

图 1-19　用户协议界面

图 1-20　数据共享界面

图 1-21　启动界面

PyCharm 激活之后会自动跳转到编辑界面，如图 1-22 所示。该界面包括 Projects（项目）、Customize（自定义）、Plugins（插件）、Learn PyCharm（学习文档）4 个选项卡。

图 1-22　编辑界面

单击"Customize"（自定义）选项卡，设置编辑区参数，如图 1-23 所示。在"Color theme"（颜色主题）选项组下拉列表中显示 4 个主题，根据需要选择"Darcula"（黑色主题），自动更新界面颜色。

图 1-23　"Customize"（自定义）选项卡

- IntelliJ Light：白色主题，如图 1-24 所示。
- Windows 10 Light：白色高亮主题。
- Darcula：黑色主题，默认选择该项。
- High Contrast：黑色高对比度主题。

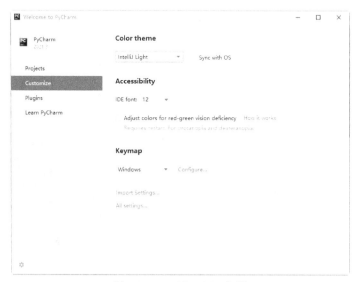

图 1-24　IntelliJ Light 主题

在"Accessibility"（辅助功能）选项组下，"IDE font"（开发环境字体）默认为 12，在下拉列表中选择"14"，增大界面字体大小。

三、PyCharm 编辑界面

进入 PyCharm 项目文件后，需要创建 Python 文件，才可以进入 PyCharm 与 Python 交互代码编辑界面。

Python 文件的创建包含以下两种方式。

1. 通过菜单命令创建

在 PyCharm 中创建一个新文件最简便的方法，是在"File"（文件）→"New"（新建）子菜单中选择一种适当的文件类型。

选择菜单栏中的"File"（文件）→"New"（新建）命令，打开如图 1-25 所示的子菜单。

选择"Python file"（Python 文件）命令，弹出"New Python file"（新建 Python 文件）对话框，Python 文件包含下面 3 种类型：Python file（Python 文件）、Python unit test（Python 单元测试文件）、Python stub（Python 存根文件）。

选择"Python file"选项，输入文件名称"Python file 01"，如图 1-26 所示，按〈Enter〉键，进入新建的文件 Python file 01.py 的编辑界面。

图 1-25　新建文件类型　　　　图 1-26　"New Python file"（新建 Python 文件）对话框

2. 利用右键快捷命令

在项目文件上右击，在打开的快捷菜单中选择"New"（新建）→"Python File"（Python 文件）命令。

PyCharm 的工作界面由标题栏、菜单栏、工具栏、命令行窗口、项目（Project）面板、运行结果（Run）面板、状态栏组成，如图 1-27 所示。

Python 的程序运行包含以下 4 种方式：

（1）在命令行窗口中，在需要运行的代码上右击，在弹出的快捷菜单中选择"Run"命令；

（2）单击菜单栏下方工具栏中的"Run"（运行）　按钮；

（3）单击运行结果面板左侧工具栏中的"Run"（运行）　按钮；

（4）按组合键〈Ctrl+Shift+F10〉。

> **提示**
>
> 对于同一个脚本，第一次运行使用右键快捷命令"Run"。

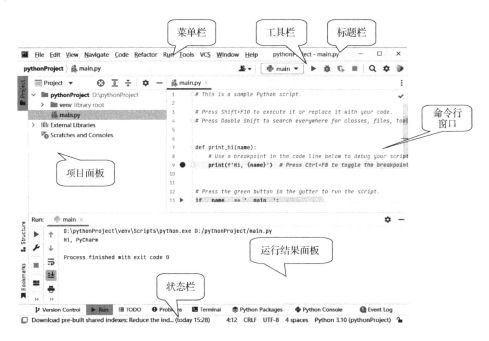

图 1-27　工作界面

案例——程序运行演示

打开 PyCharm，在 Python file 01.py 的命令行窗口中输入如下程序：

```
print('PyCharm')
```

按组合键〈Ctrl+Shift+F10〉，在运行结果面板中显示运行结果，如图 1-28 所示。

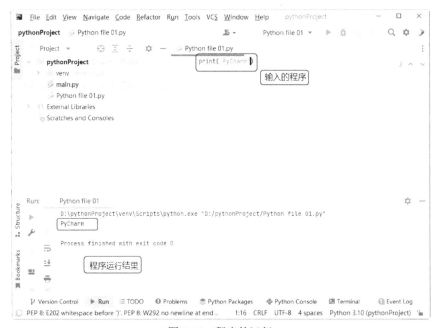

图 1-28　程序的运行

选择菜单栏中的"Tools"（工具）→"Python or Debug Console"（Python 控制器调试）命令，在 PyCharm 中打开 Python Console（Python 终端窗口），在运行结果面板中显示命令行提示符">>>"，如图 1-29 所示。

图 1-29　进入 Python Console 编辑环境

输入下面的程序：

```
>>> print('PyCharm')
```

运行结果如下：

```
PyCharm
```

任务三　Python 模块库

任务引入

小白要编写资金日报表，需要安装很多模块库。那么，什么是 Python 模块库？表格创建需要使用什么模块库？如何安装使用模块库？

知识准备

Python 的一大特色是其具有丰富的模块，模块分为 3 类：Python 标准库、第三方模块、应用程序自定义模块。财务分析中会使用的模块库包括 NumPy、Pandas、Matplotlib、SciPy、

PrettyTable 等。所有第三方模块库需要下载、安装、导入后才可以应用。

一、安装 Python 库

安装模块库包括两种方法，使用 pip 工具和 Anaconda 工具，本书介绍使用 pip 工具。

pip 是一个现代的、通用的 Python 包管理工具，提供了对 Python 包的查找、下载、安装、卸载的功能，install 命令用于安装包安装，安装 Python 时已经安装了 pip 工具。

下载、安装 NumPy 最简单的方法就是使用 pip 工具。

1. 安装 NumPy

NumPy（Numerical Python）是 Python 的一种开源的数值计算扩展库，用来存储和处理大型矩阵，比 Python 自身的嵌套列表结构（nested list structure）要高效得多，支持大量的数组与矩阵运算，此外也针对数组运算提供大量的数学函数库。

在"开始"菜单的搜索栏中输入"cmd"，打开命令提示符界面，显示下面的用户名（不同的用户显示的用户名不同）。

```
C:\Users\yan>
```

在其后输入

```
pip3 install numpy
```

出现 NumPy 的安装过程信息，显示程序如下：

```
C:\Users\yan>pip3 install numpy
Collecting numpy
  Downloading numpy-1.21.4-cp310-cp310-win_amd64.whl (14.0 MB)
     |████████████████████████████████| 14.0 MB 218 kB/s
```

安装进度结束后，显示如下安装成功信息：

```
Installing collected packages: numpy
Successfully installed numpy-1.21.4
```

安装结束后，启动 Python，在 IDLE Shell 3.10.0 中输入以下程序，验证安装是否成功：

```
>>> from numpy import *
>>> eye(4)
array([[1., 0., 0., 0.],
       [0., 1., 0., 0.],
       [0., 0., 1., 0.],
       [0., 0., 0., 1.]])
```

提示

from numpy import * 表示导入 NumPy 库。

eye(4) 用于生成对角矩阵。

若未安装成功，则显示如下程序。其中，警告信息显示字体颜色为红色。

```
>>> from numpy import *
Traceback (most recent call last):
  File "<pyshell#19>", line 1, in <module>
    from numpy import *
ModuleNotFoundError: No module named 'numpy'
```

2. 数据处理库 Pandas

Pandas 是基于 NumPy 的一种工具，该工具是为解决数据分析任务而创建的。Pandas 纳入了大量库和一些标准的数据模型，提供了高效操作大型数据集所需的工具，还提供了大量能使我们快速便捷地处理数据的函数和方法。

在"开始"菜单的搜索栏中输入"cmd"，打开命令提示符界面，显示下面的用户名（不同的用户显示的用户名不同）。

```
C:\Users\yan>
```

在其后输入

```
pip3 install pandas
```

出现 Pandas 的安装过程信息与安装结果，如图 1-30 所示。

图 1-30　安装过程信息与安装结果

二、PyCharm 加载模块

用 Python 进行数据分析时常用的模块有 NuMpy、SciPy、Pandas、Matplotlib，使用 pip（pip3）工具或 Anaconda 下载、安装这些模块后，可以在 IDLE Shell 中使用关于数组、矩阵的函数，但若在 PyCharm 中使用数据分析模块，则需要另行安装。

打开 PyCharm，选择菜单栏中的"File"（文件）→"Setting"（设置）命令，打开"Setting"

（设置）对话框，在左侧选项中选择"Project:pythonProject"→"Python Interpreter"打开对应界面，单击＋按钮，弹出"Available Packages"（有用的安装包）对话框。

在搜索框中输入需要安装的数组矩阵模块库 Numpy，在列表中选择模块库 numpy，如图 1-31 所示。单击"Install Package"（安装安装包）按钮，即可安装该模块。弹出"Packages installed successfully"对话框，并显示：

```
Installed packages:'numpy'
```

表示安装成功。

图 1-31　"Available Packages"（有用的安装包）对话框

在搜索框中输入需要安装的数据导入模块库 Pandas，在列表中选择模块库 Pandas，单击"Install Package"（安装安装包）按钮，即可安装该模块。弹出"Packages installed successfully"对话框，并显示：

```
Installed packages:'pandas'
```

表示安装成功。

三、模块导入

模块的应用提高了代码的可维护性，编写代码不必从零开始，当一个模块编写完毕时，就可以被其他地方引用，该模块也经常引用其他模块，包括 Python 内置的模块和来自第三方的模块。使用模块还可以避免函数名和变量名相冲突。相同名字的函数和变量完全可以分别在不同的模块中，尽量不要与内置函数名字冲突。

1. import

Python 导入模块一般使用 import，具体方式如下：

```
import modname
```

这种导入方法适合在导入内置模块（如 os、sys、time 等）或者导入第三方模块时使用。例如：

```
import sys
```

```
import module1    # 第一次引用
import module1    # 第二次引用
```

为了简化程序、方便维护，运用 as 不仅可以重命名代码模块，还可以重命名文件名，例如：

```
import numpy as np    # 导入 numpy 模块简化为 np
# 调用模块中的函数
np.linspace()
np.empty()
```

2. from…import

从一个模块中用 import * 导入所有模块，通常会导致可读性很差，使用该语句只导入 module1 模块中的部分变量 funcname，其调用格式如下：

```
from modname import funcname
```

将 from 函数用在模块文件的导入（相对导入）。例如：

```
from os import chown,chmod
```

若需要导入一个模块里的某个子模块，其调用格式如下：

```
from A.b import c
```

四、安装 PrettyTable 库

由于 PrettyTable 是 Python 中的一个第三方库，因此不能直接调用，需要下载、安装、加载后才可以使用。

PrettyTable 可以从 csv、HTML 或数据库中读取数据，并以 ASCII 或 HTML 输出数据，生成 ASCII 格式的表格。

1. 下载、安装

在"开始"菜单的搜索栏中输入"cmd"，打开命令提示符界面，显示下面的用户名（不同的用户显示的用户名不同）。

```
C:\Users\yan>
```

在其后输入

```
pip3 install PTable
```

出现 PTable（PrettyTable）的安装过程信息，安装进度结束后，显示下载、安装成功信息。

```
  Downloading PTable-0.9.2.tar.gz (31 kB)
Using legacy 'setup.py install' for PTable, since package 'wheel' is not installed.
Installing collected packages: PTable
  Running setup.py install for PTable ... done
Successfully installed PTable-0.9.2
```

2. 安装加载

打开 PyCharm，选择菜单栏中的"File"（文件）→"Setting"（设置）命令，打开"Setting"（设置）对话框，在左侧选项中选择"Project:pythonProject"→"Python Interpreter"打开对应界面，单击 + 按钮，弹出"Available Packages"（有用的安装包）对话框。

在搜索框中输入需要安装的表格设计模块库 PTable，在列表中选择 PTable，如图 1-32 所示。单击"Install Package"（安装安装包）按钮，即可安装该模块。弹出"Packages installed successfully"对话框，并显示：

```
Installed packages:'PTable'
```

表示安装成功。

图 1-32　"Available Packages"（有用的安装包）对话框

3. 导入模块

Python 导入模块一般使用 import，导入 PrettyTable 模块库的具体方式如下：

```
from prettytable import PrettyTable
```

项目总结

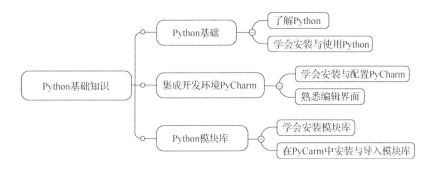

项目实战

实战　输出本月天数

解：PyCharm 程序如下：

```python
# /usr/bin/env python3
# -*- coding: UTF-8 -*-
year = int(input('年:'))
month = int(input('月:'))
if(month == 1 or month == 3 or month == 5 or month == 7
    or month == 8 or month == 10 or month == 12):
        print('本月有 31 天')
elif (month == 4 or month == 6 or month == 9 or month == 11):
        print('本月有 30 天')
elif month == 2 and (( year % 4 == 0 and
```

```
        year % 100 != 0)or year % 400 ==0):
    print('本月有29天')
else:
    print('本月有28天')
```

运行结果如下：

```
年:2015
月:6
有30天
```

项目二

NumPy 数组

思维目标

➤ 数组是所有数据分析的基础，它兼具工具性、人文性与思想性，在进行财务数据分析中具有不可替代的作用。

➤ 在 Python 中演示数组所有的基本性质，不断测试、对比，培养工匠精神、精益求精的学习态度。

技能目标

➤ 熟悉 Numpy 模块的数据类型。

➤ 掌握 Numpy 数组与矩阵的创建。

➤ 学会数组的基本运算。

项目导读

NumPy 是用来存储和处理大型矩阵的工具。在 Python 中，数组、矩阵是 Numpy 中的两种常用数据类型。数组可以表示任意维度的数据，矩阵是数组的特殊形式，矩阵只能表示二维的数据。当矩阵的某一维的维度为 1 时，即可称为向量 $(m, 1)$ 是列向量，$(1, n)$ 是行向量。

任务一 数组矩阵与向量

任务引入

月底了，小明需要对现金和银行存款进行核算，需要询问员工具体信息后再进行表格创建。那么，在 Python 中，如何定义数据？如何存储数据？

知识准备

数组（Array）是有序的元素序列。向量、矩阵是线性代数中定义的数学概念，数组是计算机上的概念。从外观和数据结构上看，二维数组和数学中的矩阵没有区别，一维数组和数学中的向量没有区别。向量、矩阵是特殊的数组，三者关系如图 2-1 所示。

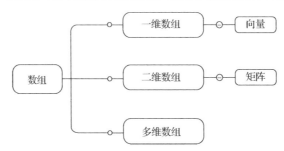

图 2-1 数组、矩阵与向量的关系

一、创建数组

在 NumPy 中，一个线性的数组称为一个轴（axis），也就是维度（dimensions）。根据数组中元素的维度将数组分为一维数组、二维数组、多维数组。

1. array 函数

NumPy 使用 array 函数直接定义数据来创建数组，返回 N 维数组对象（即 ndarray）。该函数的调用格式如下：

```
numpy.array(object,
      dtype=None, copy=True, order='K', subok=False, ndmin=0)
```

参数说明：
- object：表示数组、数组的任何对象，__array__ 方法返回数组的对象或任何（嵌套）序列。

- dtype：数据类型。
- copy：为布尔型，如果 copy=True（默认值），则复制对象。
- order：指定数组的内存布局，可选值为 K（按照元素在内存中出现的顺序排列）、A（原顺序）、C（按行）、F（按列）。如果 object 不是数组，则新创建的数组将按 C 顺序排列（按行），若指定了'F'，它将采用 FORTRAN 顺序（按列）。
- subok：为布尔型，如果值为 True，则子类将被传递，否则返回的数组将被强制为基类数组（默认）。
- ndmin：指定数组应具有的最小维数。

在 Python 中，数组的定义是广义的，数组的元素可以是任意的数据类型，如数值、字符串等。

案例——创建数组实例

解： PyCharm 程序如下：

```
# /usr/bin/env python3
# -*- coding: UTF-8 -*-
import numpy as np   # 导入 NumPy 模块库
# 创建数组
X1 = np.array(['hello','Thank'])   # 创建一维数组
X2 = np.array(['a','b',1,2,3],ndmin = 2)   # 创建二维数组
# 输出数组、数组类型、数组数据类型
print(X1,type(X2),X1.dtype)
print(X2,type(X2),X2.dtype)
```

运行结果如下：

```
['hello' 'Thank'] <class 'numpy.ndarray'> <U5
[['a' 'b' '1' '2' '3']] <class 'numpy.ndarray'> <U11
```

2. arange 函数

arange 函数通过直接定义数据元素间距，而不是定义数据元素来创建数组。此函数的调用格式如下：

```
numpy.arange(first_value, last_value, step, dtype)
```

该调用格式表示创建一个从 first_value 开始到 last_value 结束，数据元素的增量为 step（默认元素增量为 1）的数组，dtype 定义使用输入数据的类型。

案例——创建一个从 0 开始，到 10 结束，增量为 2 的数组 x

解： PyCharm 程序如下：

```
# /usr/bin/env python3
# -*- coding: UTF-8 -*-
import numpy as np   # 导入 NumPy 模块库
```

```
x = np.arange(0,10,2)    # 创建数组
y = np.arange(0,10,2,dtype = 'int8')    # 创建指定数据结构的数组
# 输出数组
print(x,type(x),x.dtype)
print(y,type(y),y.dtype)
```

运行结果如下：

```
[0 2 4 6 8] <class 'numpy.ndarray'> int32
[0 2 4 6 8] <class 'numpy.ndarray'> int8
```

3. linspace 函数

linspace 函数通过直接定义数据元素个数，而不是数据元素之间的增量来创建一维数组（向量），该数组可以看成一个等差数列。此函数的调用格式如下：

```
numpy.linspace(first_value,last_value,number=50,endpoint=True,retstep=False,
dtype=None)
```

该调用格式表示创建一个从 first_value 开始到 last_value 结束，包含 number 个元素的向量。Number 的默认值为 50。endpoint 用于设定是否包含 last_value，该值为 True 时，数列中包含 last_value 值，反之不包含，默认是 True。Retstep 的如果为 True 时，生成的数组中会显示间距，反之不显示。dtype 用于设置输入数据的数据类型

案例——创建一个从 0 开始，到 10 结束，包含 6 个数据元素的向量 x

解： PyCharm 程序如下：

```
# /usr/bin/env python3
# -*- coding: UTF-8 -*-
import numpy as np    # 导入 NumPy 模块库
x = np.linspace(0,10,6)    # 创建数组
y = np.linspace(0,10,6,endpoint=False)    # 创建不包含终点值的数组
# 输出数组
print(x)
print(y)
```

运行结果如下：

```
[ 0.  2.  4.  6.  8. 10.]
[0.        1.66666667 3.33333333 5.        6.66666667 8.33333333]
```

4. logspace 函数

与 linspace 函数一样，logspace 函数也通过直接定义数据元素个数，而不是数据元素之间的增量来创建一个对数分隔的数组。logspace 函数的调用格式如下：

```
numpy.logspace(first_value, last_value,number =50, endpoint=True, base=10.0,
dtype=None)
```

该调用格式表示创建一个从 10^{first_value} 开始，到 10^{last_value} 结束，包含 number 个数据元素的向量。base 表示对数 log 的底数，默认为 10。

案例——创建一个从 10 开始，到 10^3 结束，包含 3 个数据元素的向量 x

解：PyCharm 程序如下：

```python
# /usr/bin/env python3
# -*- coding: UTF-8 -*-
import numpy as np   # 导入 NumPy 模块库
x = np.linspace(1,3,3)    # 创建等差数组
y = np.logspace(1,3,3)    # 创建等比数组
# 输出数组
print('等差数组',x)
print('等比数组',y)
```

运行结果如下：

```
等差数组 [1. 2. 3.]
等比数组 [  10.  100. 1000.]
```

案例——设置数组的维数

解：PyCharm 程序如下：

```python
# /usr/bin/env python3
# -*- coding: UTF-8 -*-
import numpy as np   # 导入 NumPy 模块库
# 创建列表
x1=[1,2]
# 创建数组
X1= np.array(x1,ndmin=1)
X2= np.array(x1,ndmin=2)
X3= np.array(x1,ndmin=3)
print('输出数组''\n',X1,'\n',X2,'\n',X3)
```

运行结果如下：

```
输出数组
 [1 2]
 [[1 2]]
 [[[1 2]]]
```

数组的维数与中括号的个数相关，根据上面的运行结果，第一行运行结果包含一组中括号，表示输出一维数组；第二行运行结果包含两组中括号，表示输出二维数组；第三行运行结果包含三组中括号，表示输出三维数组。

5. asarray 函数

asarray 函数类似 array 函数，可以用来创建数组。该函数的调用格式如下：

```
numpy.asarray(a, dtype = None, order = None)
```

参数说明：

- a：任意形式的输入参数，可以是列表、列表的元组、元组、元组的元组、元组的列表、多维数组等。
- dtype：数据类型。
- order：指定在计算机内存中的存储元素的顺序，包括 C（按行）和 F（按列）。

6. frombuffer 函数

frombuffer 函数用于实现动态数组，接收 buffer 输入参数，以流的形式读入转化成 ndarray 对象。该函数的调用格式如下：

```
numpy.frombuffer(buffer, dtype = float, count = -1, offset = 0)
```

参数说明：

- buffer：可以是任意对象，以流的形式读入。
- dtype：返回数组的数据类型，可选。
- count：读取的数据数量，默认为-1，读取所有数据。
- offset：读取的起始位置，默认为 0。

> **提示**
>
> 若 buffer 是字符串，而 Python3 默认字符串是 Unicode 类型，所以要转成 bytestring，则需要在原字符串前加上 b。

---

7. fromiter 函数

fromiter 函数从可迭代对象中建立 ndarray 对象，返回一维数组。该函数的调用格式如下：

```
numpy.fromiter(iterable, dtype, count=-1)
```

参数说明：

- iterable：可迭代对象。
- dtype：数组的数据类型。
- count：读取的数据数量，默认为-1，读取所有数据。

8. 初始化数组函数

数组的初始化就是对其赋初值，也就是向这个数组中装入有意义的数据，在程序设计汇总时初始化很重要。

案例——使用不同函数创建数组

解：PyCharm 程序如下：

```
# /usr/bin/env python3
# -*- coding: UTF-8 -*-
```

```
import numpy as np    # 导入 NumPy 模块库
list1 = [1,2,3,4]    # 创建列表
list2 = b'where are you going'  # 创建字符串
# 生成数组
a = np.asarray(list1)
b = np.frombuffer(list2,dtype = 'S1')
c = np.fromiter(iter(list1),dtype=float)
# 输出数组
print('*'*10,'创建数组','*'*10)
print(a)
print(b)
print(c)
```

运行结果如下：

```
********** 创建数组 **********
[1 2 3 4]
[b'w' b'h' b'e' b'r' b'e' b' ' b'a' b'r' b'e' b' ' b'y' b'o' b'u' b' '
 b'g' b'o' b'i' b'n' b'g']
[1. 2. 3. 4.]
```

二、创建矩阵

矩阵只能是二维的，而数组可以是任意维度的，矩阵和数组在数学运算上会有不同的结构。除了维度的不同，矩阵是一个 matrix 对象，数组是 ndarray 对象。

矩阵是由 $m×n$ 个数 a_{ij} （$i = 1$，2，$\cdots$，m；$j = 1$，2，$\cdots$，n）排成的 m 行 n 列数表，记成

$$A = \begin{pmatrix} a_{11} & a_{12} & \cdots & a_{1n} \\ a_{21} & a_{22} & \cdots & a_{2n} \\ \vdots & \vdots & & \vdots \\ a_{m1} & a_{m2} & \cdots & a_{mn} \end{pmatrix}$$

称为 $m×n$ 矩阵，也可以记成 a_{ij} 或 $A_{m×n}$。其中，i 表示行数，j 表示列数。若 $m=n$，则该矩阵为 n 阶矩阵（n 阶方阵）。

矩阵的生成主要有两种方法：采用 matrix 函数创建矩阵和采用 mat 函数创建矩阵。

1. matrix 函数

在 NumPy 中，matrix 函数用于创建矩阵。该函数的调用格式如下：

```
numpy.matrix(data, dtype=None, copy=True)
```

参数说明：

● data：表示定义矩阵的数据，可以是 ndarray 对象或者字符形式，矩阵的换行必须用分号隔开，内部数据必须为字符串形式，矩阵的元素之间必须以空格隔开。

● dtype：定义数据类型。

- copy：为布尔型，定义是否引用内置对象。

2. mat 函数

mat 函数用来创建一个矩阵，该函数中的数据可以为字符串形式，以分号分割，或者为列表形式，以逗号分割。该函数的调用格式如下：

```
numpy.mat(data, dtype=None)
```

参数说明：

- data：表示定义矩阵的数据。
- dtype：定义数据类型。

mat 函数可以看作 matrix 函数的特例，即 copy=False 时。

案例——生成矩阵示例

解： PyCharm 程序如下：

```
# /usr/bin/env python3
# -*- coding: UTF-8 -*-
import numpy as np    # 导入 NumPy 模块库
# 生成数组
list = [1,2,3,4]
a1 = np.array(list)  # 创建数组
a2 = np.mat(list)   # 创建矩阵
a3 = np.matrix(list)   # 创建矩阵
# 输出数组
print('*'*10,'创建数组和矩阵','*'*10)
print('数组',a1,type(a1),sep='\n')
print('矩阵',a2,type(a2),sep='\n')
print('矩阵',a3,type(a3),sep='\n')
```

运行结果如下：

```
********** 创建数组和矩阵 **********
数组
[1 2 3 4]
<class 'numpy.ndarray'>
矩阵
[[1 2 3 4]]
<class 'numpy.matrix'>
矩阵
[[1 2 3 4]]
<class 'numpy.matrix'>
```

三、向量运算

向量是由 n 个数 a_1，a_2，$\cdots$，a_n 组成的有序数组，记成

$$a = \begin{pmatrix} a_1 \\ a_2 \\ \vdots \\ a_n \end{pmatrix} \text{ 或 } a^{\mathrm{T}} = (a_1,\ a_2,\ \cdots,\ a_n)$$

称为 n 维向量，向量 a 的第 i 个分量称为 a_i。

由有限个向量所组成的向量组可以构成矩阵，如果 $A = (a_{ij})$ 是 $m \times n$ 矩阵或数组，那么 A 有 m 个 n 维行向量、n 个 m 维列向量。

案例——向量生成示例

解： PyCharm 程序如下：

```
# /usr/bin/env python3
# -*- coding: UTF-8 -*-
import numpy as np    # 导入 NumPy 模块库
arr = np.linspace(1,10,6)    # 创建一维数组
a1 = np.matrix(arr)    # 创建向量
a2 = np.matrix(np.zeros((3,3)))    # 创建全 0 矩阵
# 输出数组
print('*'*10,'向量','*'*10)
print('一维数组',arr,type(arr),sep='\n')
print('向量',a1,type(a1),sep='\n')
print('二维矩阵',a2,type(a2),sep='\n')
```

运行结果如下：

```
********** 向量 **********
一维数组
[ 1.   2.8  4.6  6.4  8.2 10. ]
<class 'numpy.ndarray'>
向量
[[ 1.   2.8  4.6  6.4  8.2 10. ]]
<class 'numpy.matrix'>
二维矩阵
[[0. 0. 0.]
 [0. 0. 0.]
 [0. 0. 0.]]
<class 'numpy.matrix'>
```

任务二 // 数组运算

任务引入

小明在进行报表制作时，发现报表中的数据不能突出显示数据信息，同事告诉小明可以利用数据编辑。那么，在 Python 中，如何对报表中的数组数据进行编辑运算？

知识准备

数组运算实际上是对数组元素的运算，包括数组的变形、复制、组合和分割。

一、数组的变形

数组的形状是每个维中元素的数量，NumPy 提供了几种改变数组形状的函数。

1. shape 函数

shape 函数表示数组的形状属性，该属性返回一个元组，每个索引都具有相应元素的数量。该函数的调用格式如下：

```
array.shape= (m,n)
```

其中，(m, n)表示新数组的形状。

2. reshape 函数

reshape 函数实现不添加新数据，即不会修改数组本身，在这种情况下，创建新数组。该函数的调用格式如下：

```
numpy.reshape(arr, newshape, order='C')
```

参数说明：
- arr：要修改维度的数组。
- newshape：数组新的维度。
- order：元素排序方式。

3. resize 函数

resize 函数改变调用数组自身，将已知数组变成 m 行 n 列的数组。该函数的调用格式如下：

```
numpy.resize(arr, newshape, order='C')
```

参数说明：

- arr：要修改维度的数组。
- newshape：数组新的维度。
- order：元素排序方式。

4. ravel 函数

ravel 函数用来展平数组元素，实现数组的形状改变。该函数的调用格式如下：

```
numpy.ravel()
```

5. newaxis 函数

newaxis 函数用于在当前位置插入一个新维度，实现数组维度的变化、该函数的调用格式如下：

```
numpy.newaxis
```

案例——创建新数组

解：PyCharm 程序如下：

```
# /usr/bin/env python3
# -*- coding: UTF-8 -*-
import numpy as np    # 导入 NumPy 模块库
# 生成 4 行 4 列全 0 数组
a = np.zeros([4,4])
b = a.reshape(8,2)    # 生成 8 行 2 列全 0 数组
# 输出数组
print('*'*10,'原始数组','*'*10)
print(a)
print('*'*10,'变维数组','*'*10)
print(b)
```

运行结果如下：

```
********** 原始数组 **********
[[0. 0. 0. 0.]
 [0. 0. 0. 0.]
 [0. 0. 0. 0.]
 [0. 0. 0. 0.]]
********** 变维数组 **********
[[0. 0.]
 [0. 0.]
 [0. 0.]
 [0. 0.]
 [0. 0.]
```

```
[0. 0.]
[0. 0.]
[0. 0.]]
```

案例——数组的变形示例

解： PyCharm 程序如下：

```
# /usr/bin/env python3
# -*- coding: UTF-8 -*-
import numpy as np    # 导入 NumPy 模块库
arr = np.array(range(1,13))
print('原数组与数组形状')
print(arr,'\n',arr.shape)
print('reshape 修改形状')
print(arr.reshape(3,4))
print('再次查看原数组与数组形状')    # 可以看到原数组并没有进行修改
print(arr,'\n',arr.shape)
print('resize 修改数组形状')
print(arr.resize((2, 6)))
print('再次查看原数组与数组形状')    # 可以看到原数组已经进行修改
print(arr,'\n',arr.shape)
print('ravel 展开数组')
print(arr.ravel())
print('newaxis 插入维度')
print(arr[np.newaxis,:])
print('再次查看数组形状')
print(arr[np.newaxis,:].shape)
```

运行结果如下：

```
原数组与数组形状
[ 1  2  3  4  5  6  7  8  9 10 11 12]
 (12,)
reshape 修改形状
[[ 1  2  3  4]
 [ 5  6  7  8]
 [ 9 10 11 12]]
再次查看原数组与数组形状
[ 1  2  3  4  5  6  7  8  9 10 11 12]
 (12,)
resize 修改数组形状
None
再次查看原数组与数组形状
[[ 1  2  3  4  5  6]
 [ 7  8  9 10 11 12]]
 (2, 6)
ravel 展开数组
```

```
[ 1  2  3  4  5  6  7  8  9 10 11 12]
```
newaxis 插入维度
```
[[[ 1  2  3  4  5  6]
  [ 7  8  9 10 11 12]]]
```
再次查看数组形状
```
(1, 2, 6)
```

数组的变形也包括改变数组的维度与轴，常用的数组变形命令如表 2-1 所示。

表 2-1　数组变形命令

命令名	说明
numpy.transpose(arr, axes)	对换数组的维度，arr 表示要操作的数组，axes 为对应维度，通常所有维度都会对换
numpy.rollaxis(arr, axis, start)	向后滚动指定的轴，start 表示滚动到特定位置，$-1 \leqslant start < 2$，默认为 0，表示完整的滚动
numpy.swapaxes(arr, axis1, axis2)	对换数组的两个轴 axis1、axis2
numpy.expand_dims(arr, axis)	通过在指定位置插入新的轴来扩展数组
numpy.squeeze(arr, axis)	从给定数组的形状中删除一维的条目

案例——数组变形示例

解： PyCharm 程序如下：

```
# /usr/bin/env python3
# -*- coding: UTF-8 -*-
import numpy as np   # 导入 NumPy 模块库
list = [range(1,6),range(11,16)]  # 创建列表
# 生成数组
arr = np.array(list)  # 通过列表创建数组
a1 = np.transpose(arr)    # 对换数组的维度
a2 = np.rollaxis(arr, axis =1, start =0)  # 向后滚动到纵轴
a3 = np.swapaxes(arr, axis1 =0, axis2 = 1)  # 对换数组的两个轴
# 输出数组
print('*'*10,'创建数组','*'*10)
print('原始数组','\n',arr)
print('transpose 函数创建新数组','\n',a1)
print('rollaxis 函数创建新数组','\n',a2)
print('swapaxes 函数创建新数组','\n',a3)
```

运行结果如下：

```
********** 创建数组 **********
原始数组
 [[ 1  2  3  4  5]
 [11 12 13 14 15]]
transpose 函数创建新数组
 [[ 1 11]
```

```
 [ 2 12]
 [ 3 13]
 [ 4 14]
 [ 5 15]]
rollaxis 函数创建新数组
[[ 1  2  3  4  5]
 [11 12 13 14 15]]
swapaxes 函数创建新数组
[[ 1 11]
 [ 2 12]
 [ 3 13]
 [ 4 14]
 [ 5 15]]
```

二、数组的复制

所谓复制数组，是指将一个数组中的元素在另一个数组中进行复制，数组的复制包括横向复制和纵向复制，如图 2-2 所示。数组的复制可以看作数组组合的特例，组合的数组是相同的数组。

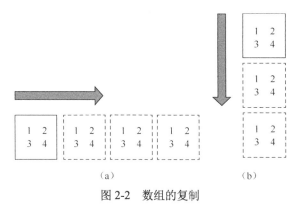

图 2-2　数组的复制

（a）横向复制；（b）纵向复制

在 Python 中实现数组的复制有以下两种方法。

1. tile 函数

NumPy 的 tile 函数将原数组横向、纵向地复制。该函数的调用格式如下：

```
numpy.tile（A, repeats）
```

参数说明：

● A：输入的原始数组。

● repeats：A 沿各个维度复制的次数。

2. repeat 函数

NumPy 的 repeat 函数将原数组沿指定方向多次地复制。该函数的调用格式如下：

```
numpy.repeat(a,repeats,axis=None)
```

参数说明：
- a：输入的原始数组。
- repeats：数组复制的次数，可以为一个数，也可以为一个矩阵。
- axis：表示数组复制方向的轴，若 axis=None，则展开当前矩阵，数组转变为一个行向量；若 axis=0，则沿着 y 轴复制，增加行数；若 axis=1，则沿着 x 轴复制，增加列数。

案例——数组复制示例

解：PyCharm 程序如下：

```python
# /usr/bin/env python3
# -*- coding: UTF-8 -*-
import numpy as np    # 导入 NumPy 模块库
print('*'*10,'数组复制','*'*10)
# 创建随机数组
arry = np.eye(2,2)
# 数组复制
print('横向复制: ')
a1 = np.tile(arry, 2)
a2 = np.repeat(arry, 2, axis =1)
print('a1 = ',a1,'a2 = ',a2,sep = '\n')
a3 = np.tile(arry, (4,3))
a4 = np.repeat(arry, 2, axis =0)
print('纵向复制: ')
print('a3 = ',a3,'a4 = ',a4,sep = '\n')
print(C4)
```

运行结果如下：

```
********** 数组复制 **********
横向复制:
a1 =
[[1. 0. 1. 0.]
 [0. 1. 0. 1.]]
a2 =
[[1. 1. 0. 0.]
 [0. 0. 1. 1.]]
纵向复制:
```

```
a3 =
[[1. 0. 1. 0. 1. 0.]
 [0. 1. 0. 1. 0. 1.]
 [1. 0. 1. 0. 1. 0.]
 [0. 1. 0. 1. 0. 1.]
 [1. 0. 1. 0. 1. 0.]
 [0. 1. 0. 1. 0. 1.]
 [1. 0. 1. 0. 1. 0.]
 [0. 1. 0. 1. 0. 1.]]
a4 =
[[1. 0.]
 [1. 0.]
 [0. 1.]
 [0. 1.]]
```

三、数组的组合

相同数组的组合直接使用星号进行拼接，下面介绍几种在 Python 中常用的数组组合函数。

1. concatenate 函数

concatenate 函数用于沿指定轴连接相同形状的两个或多个数组。该函数的调用格式如下：

```
numpy.concatenate((a1, a2, …), axis)
```

参数说明：
- a1，a2，…：表示相同类型的数组。
- axis：连接数组的轴，默认为 0。

2. stack 函数

stack 函数用于沿新轴连接数组序列，该函数的调用格式如下：

```
numpy.stack(arrays, axis)
```

参数说明：
- arrays：表示相同形状的数组序列。
- axis：返回数组中的轴，输入数组沿着它来堆叠。

3. hstack 函数

hstack 函数通过水平串联来生成数组。该函数的调用格式如下：

numpy.hstack(a1, a2, …)

参数说明：
- a1，a2，…：表示相同类型的数组。

4. vstack 函数

vstack 函数通过垂直串联来生成数组。该函数的调用格式如下：

```
numpy. vstack(a1, a2, …)
```

参数说明：

● a1，a2，…：表示相同类型的数组。

案例——数组组合示例

解： PyCharm 程序如下：

```python
# /usr/bin/env python3
# -*- coding: UTF-8 -*-
import numpy as np    # 导入 NumPy 模块库
print('*'*10,'数组组合','*'*10)
# 创建数组
A = np.array([[1,2],[4,5]])
B = np.zeros((2,2))
# 数组组合
C1 = np.concatenate((A,B),axis =1)
C2 = np.stack((A,B),0)
C3 = np.hstack((A,B))
C4 = np.vstack((A,B))
print('*'*10,'原始数组','*'*10)
print('数组 A: ',A,'数组 B: ',B,sep = '\n')
print('*'*10,'数组沿指定轴 1 连接','*'*10)
print(C1)
print('*' * 10, '数组沿新轴 0 连接', '*' * 10)
print(C2)
print('*'*10,'数组水平串联','*'*10)
print(C3)
print('*'*10,'数组垂直串联','*'*10)
print(C4)
```

运行结果如下：

```
********** 数组组合 **********
********** 原始数组 **********
数组 A:
[[1 2]
 [4 5]]
数组 B:
[[0. 0.]
 [0. 0.]]
********** 数组沿指定轴 1 连接 **********
[[1. 2. 0. 0.]
```

```
 [4. 5. 0. 0.]]
********** 数组沿新轴 0 连接 **********
[[[1. 2.]
  [4. 5.]]

 [[0. 0.]
  [0. 0.]]]
********** 数组水平串联 **********
[[1. 2. 0. 0.]
 [4. 5. 0. 0.]]
********** 数组垂直串联 **********
[[1. 2.]
 [4. 5.]
 [0. 0.]
 [0. 0.]]
```

5. column_stack 函数

column_stack 函数将一维数组以列组合成二维数组。该函数的调用格式如下：

```
numpy.column_stack (a1, a2, …)
```

参数说明：

● a1，a2，…：表示相同类型的数组。

row_stack 函数将一维数组以行组合成二维数组。

四、数组的分割

下面介绍几种在 Python 中常用的数组分割函数。

1. split 函数

split 函数用于沿指定轴将一个数组分割为两个或多个数组。该函数的调用格式如下：

```
numpy.split(ary, indices_or_sections, axis)
```

参数说明：

● ary：被分割的数组。

● indices_or_sections：如果是一个整数，就用该数平均切分；如果是一个数组，则表示沿指定轴切分的位置（左开右闭）。

● axis：设置分割方向，默认为 0，表示水平方向；为 1 时，表示竖直方向。

2. hsplit 函数

hsplit 函数用于将一个数组水平分割为多个子数组（按列）。该函数的调用格式如下：

```
numpy.hsplit(ary, number)
```

参数说明：

- ary：被分割的数组。
- number：分割的个数。

3. vsplit 函数

vsplit 函数将一个数组垂直分割为多个子数组（按行）。该函数的调用格式如下：

```
numpy.vsplit(ary, number)
```

参数说明：

- ary：被分割的数组。
- number：分割的个数。

案例——数组分割示例

解：PyCharm 程序如下：

```
# /usr/bin/env python3
# -*- coding: UTF-8 -*-
import numpy as np    # 导入 NumPy 模块库
print('*'*10,'数组分割','*'*10)
# 创建随机数组
a = np.random.rand(6,3)
# 数组分割
print('默认分割（0 轴）: ')
b = np.split(a, 2)
print('第一部分',b[0],'第二部分',b[1],sep = '\n')
print('水平分割: ')
e = np.hsplit(a, 3)
print(e)
```

运行结果如下：

```
********** 数组分割 **********
默认分割（0 轴）:
第一部分
[[0.56579037 0.10132994 0.28382248]
 [0.97078742 0.43261968 0.78067024]
 [0.89223148 0.76152651 0.81617444]]
第二部分
[[0.22144856 0.56468522 0.70161545]
 [0.56078986 0.23668351 0.43576831]
 [0.2989318  0.28472655 0.22467117]]
水平分割:
[array([[0.56579037],
       [0.97078742],
       [0.89223148],
       [0.22144856],
```

```
[0.56078986],
[0.2989318 ]]), array([[0.10132994],
[0.43261968],
[0.76152651],
[0.56468522],
[0.23668351],
[0.28472655]]), array([[0.28382248],
[0.78067024],
[0.81617444],
[0.70161545],
[0.43576831],
[0.22467117]])]
```

任务三 // 矩阵运算

任务引入

小明制作的报表中的数据需要进行矩阵运算。那么，在 Python 中，矩阵运算函数有哪些？

知识准备

矩阵作为数据操作的基本单位，使矩阵运算变得非常简捷、方便、高效。矩阵的基本运算包括加、减、乘、除，与数组运算相同。

一、矩阵的乘法运算

在线性代数中，经常会遇到向量、数组和矩阵这 3 种数据结构。在 Python 中，向量、矩阵与数组的区别主要体现在乘法运算上。下面详细介绍矩阵的乘法运算，其中，点乘运算是矩阵所特有的。

1. 数乘运算

数 λ 与矩阵 $A = (a_{ij})_{m \times n}$ 的乘积记成 λA 或 $A\lambda$，规定为

$$\lambda A = \begin{pmatrix} \lambda a_{11} & \lambda a_{12} & \cdots & \lambda a_{1n} \\ \lambda a_{21} & \lambda a_{22} & \cdots & \lambda a_{2n} \\ \vdots & \vdots & & \vdots \\ \lambda a_{m1} & \lambda a_{m2} & \cdots & \lambda a_{mn} \end{pmatrix}$$

同时，矩阵还满足下面的规律

$$\lambda(\mu A) = (\lambda\mu)A$$
$$(\lambda+\mu)A = \lambda A + \mu A$$
$$\lambda(A+B) = \lambda A + \lambda B$$

其中，λ、μ 为数，A、B 为矩阵。

2. 乘运算

若两个矩阵有相乘关系，设 $A=(a_{ij})$ 是一个 $m\times s$ 矩阵，$B=(b_{ij})$ 是一个 $s\times n$ 矩阵，规定 A 与 B 的积为一个 $m\times n$ 矩阵 $C=(c_{ij})$，有

$$c_{ij} = a_{i1}b_{1j} + a_{i2}b_{2j} + \cdots + a_{is}b_{sj}$$
$$i = 1, 2, \cdots, m；\quad j = 1, 2, \cdots, n$$

即 $C=AB$，乘运算需要满足以下 3 条件。

（1）矩阵 A 的列数与矩阵 B 的行数相同。

（2）矩阵 C 的行数等于矩阵 A 的行数，矩阵 C 的列数等于矩阵 B 的列数。

（3）矩阵 C 的第 m 行第 n 列的元素值等于矩阵 A 的第 m 行元素与矩阵 B 的第 n 列元素对应元素值积的和。

$AB \neq BA$，即矩阵的乘法不满足交换律。若矩阵 A、B 满足 $AB = 0$，未必有 $A=0$ 或 $B=0$。

在 NumPy 中，matmul 函数用于计算矩阵的乘积。该函数的调用格式如下：

```
numpy.matmul(a, b, out=None)
```

其中，out 用于保存输出结果。

案例——矩阵乘积运算示例

解：PyCharm 程序如下：

```
# /usr/bin/env python3
# -*- coding: UTF-8 -*-
import numpy as np   # 导入 NumPy 模块库
a = np.matrix('1 2 3;0 3 3;7 9 5')  # 创建矩阵
b = np.matrix('8 3 9;2 8 1;3 9 1')  # 创建矩阵
# 计算矩阵的乘积
c1 = np.matmul(a, b)
c2 = a*b
print('矩阵',a,b,sep='\n')
print('*'*10,'矩阵乘法运算','*'*10)
print(c1,c2,sep='\n')
```

运行结果如下：

```
矩阵
[[1 2 3]
 [0 3 3]
 [7 9 5]]
```

```
[[8 3 9]
 [2 8 1]
 [3 9 1]]
********** 矩阵乘法运算 **********
[[ 21  46  14]
 [ 15  51   6]
 [ 89 138  77]]
[[ 21  46  14]
 [ 15  51   6]
 [ 89 138  77]]
```

3. 点乘运算

点乘运算指将两矩阵中相同位置的元素进行相乘运算，将积保存在原位置从而组成新矩阵。在 NumPy 中，**multiply** 函数用于计算矩阵的点乘。该函数的调用格式如下：

```
numpy.multiply(a, b)
```

需要说明的是，a 和 b 必须同维。

案例——矩阵点乘运算示例

解： PyCharm 程序如下：

```
# /usr/bin/env python3
# -*- coding: UTF-8 -*-
import numpy as np    # 导入 NumPy 模块库
a = np.matrix('5,6,9;8,5,3;6,7,0')  # 创建矩阵
b = np.matrix('1 2 3;0 3 3;7 9 5')  # 创建矩阵
c1 = np.matmul(a, b)  # 计算矩阵乘积
c2 = np.multiply(b, a)  # 计算矩阵点乘
# 输出矩阵
print('*'*10,'矩阵运算','*'*10)
print(a,b,sep='\n')
print('*'*10,'矩阵乘积','*'*10)
print(c1)
print('*'*10,'矩阵点乘','*'*10)
print(c2)
```

运行结果如下：

```
********** 矩阵运算 **********
[[5 6 9]
 [8 5 3]
 [6 7 0]]
[[1 2 3]
 [0 3 3]
 [7 9 5]]
********** 矩阵乘积 **********
```

```
[[ 68 109  78]
 [ 29  58  54]
 [  6  33  39]]
********** 矩阵点乘 **********
[[ 5 12 27]
 [ 0 15  9]
 [42 63  0]]
```

4. 叉乘运算

叉乘，又叫外积。对于向量 $\boldsymbol{a}$ 和向量 $\boldsymbol{b}$：$\boldsymbol{a}=(x_1,\ y_1,\ z_1)$，$\boldsymbol{b}=(x_2,\ y_2,\ z_2)$。$\boldsymbol{a}$ 和 $\boldsymbol{b}$ 的外积公式为

$$\boldsymbol{a}\times\boldsymbol{b}=\begin{vmatrix} \boldsymbol{i} & \boldsymbol{j} & \boldsymbol{k} \\ x_1 & y_1 & z_1 \\ x_2 & y_2 & z_2 \end{vmatrix}=\left(y_1z_2-y_2z_1\right)\boldsymbol{i}-\left(x_1z_2-x_2z_1\right)\boldsymbol{j}+\left(x_1y_2-x_2y_1\right)\boldsymbol{k}$$

其中，$\boldsymbol{i}=(1,\ 0,\ 0)$，$\boldsymbol{j}=(0,\ 1,\ 0)$，$\boldsymbol{k}=(0,\ 0,\ 1)$。

根据 $\boldsymbol{i}$、$\boldsymbol{j}$、$\boldsymbol{k}$ 间的关系，有 $\boldsymbol{a}\times\boldsymbol{b}=\left(y_1z_2-y_2z_1,\ -\left(x_1z_2-x_2z_1\right),\ x_1y_2-x_2y_1\right)$。

在 NumPy 中，inner 函数用于计算向量的外积。该函数的调用格式如下：

```
numpy.inner(a, b, out=None)
```

其中，out 用于保存输出结果，需要说明的是，a 和 b 可以是数组，也可以是矩阵。

案例——矩阵乘法运算示例

解： PyCharm 程序如下：

```
# /usr/bin/env python3
# -*- coding: UTF-8 -*-
import numpy as np   # 导入 NumPy 模块库
a = np.matrix('1 2 3;0 3 3;7 9 5')  # 创建矩阵
b = np.matrix('8 3 9;2 8 1;3 9 1')  # 创建矩阵
c1 = np.matmul(a, b)  # 计算矩阵乘积
c2 = np.multiply(b, a)  # 计算矩阵点乘
c3 = np.inner(a,b)  # 计算矩阵叉乘
# 输出矩阵
print('*'*10,'矩阵乘法运算','*'*10)
print(a,b,sep='\n')
print('乘法运算',c1,c2,c3,sep='\n')
```

运行结果如下：

```
********** 矩阵乘法运算 **********
[[1 2 3]
 [0 3 3]
 [7 9 5]]
```

```
[[8 3 9]
 [2 8 1]
 [3 9 1]]
乘法运算
[[ 21  46  14]
 [ 15  51   6]
 [ 89 138  77]]
[[ 8   6  27]
 [ 0  24   3]
 [21  81   5]]
[[ 41  21  24]
 [ 36  27  30]
 [128  91 107]]
```

二、矩阵的求逆运算

对于 n 阶方阵 A，如果有 n 阶方阵 B 满足 $AB=BA=I$，则称方阵 A 为可逆的，方阵 B 为 A 的逆矩阵，记为 A^{-1}。

逆矩阵有以下几条性质。

（1）若 A 可逆，则 A^{-1} 是唯一的。

（2）若 A 可逆，则 A^{-1} 也可逆，并且 $\left(A^{-1}\right)^{-1}=A$。

（3）若 n 阶方阵 A 与 B 都可逆，则 AB 也可逆，且 $AB^{-1}=B^{-1}A^{-1}$。

（4）若 A 可逆，则 $\left|A^{-1}\right|=|A|^{-1}$。

我们把满足 $|A|\neq 0$ 的方阵 A 称为非奇异的，否则就称为奇异的。

求解矩阵的逆，使用 numpy.linalg 模块中的 inv 函数。该函数的调用格式如下：

```
numpy.linalg.inv(X)
```

案例——求解矩阵的逆

解： PyCharm 程序如下：

```
# /usr/bin/env python3
# -*- coding: UTF-8 -*-
import numpy as np    # 导入 NumPy 模块库
a = np.matrix([[1,2,5],[3,4,6],[3,0,6]])    # 创建矩阵
b = np.linalg.inv(a)    # 求解矩阵的逆矩阵
# 输出矩阵
print('*'*10,'逆矩阵运算','*'*10)
print(a,b,sep='\n')
print(np.dot(a,b),sep='\n')
A= np.matrix([1,2,5])
np.linalg.inv(a)
numpy.linalg.LinAlgError: Last 2 dimensions of the array must be square
```

运行结果如下：

```
********** 逆矩阵运算 **********
[[1 2 5]
 [3 4 6]
 [3 0 6]]
[[-0.66666667  0.33333333  0.22222222]
 [-0.          0.25       -0.25      ]
 [ 0.33333333 -0.16666667  0.05555556]]
[[ 1.00000000e+00 -2.77555756e-17  6.93889390e-18]
 [-1.11022302e-16  1.00000000e+00 -1.38777878e-17]
 [-1.11022302e-16  5.55111512e-17  1.00000000e+00]]
```

> 提示
>
> 逆矩阵必须使用方阵，即 $n \times n$ 格式的矩阵，否则会弹出警告信息。

三、矩阵的转置

对于矩阵 A，如果有矩阵 B 满足 $b(i, j)=a(j, i)$，即 B 的第 i 行第 j 列元素是 A 的第 j 行第 i 列元素。简单来说就是，将矩阵 A 的行元素变成矩阵 B 的列元素，矩阵 A 的列元素变成矩阵 B 的行元素，则称 $A^{\mathrm{T}}=B$，矩阵 B 是矩阵 A 的转置矩阵，有

$$D = \begin{pmatrix} a_{11} & a_{12} & \dots & a_{1n} \\ a_{21} & a_{22} & \dots & a_{2n} \\ \vdots & \vdots & & \vdots \\ a_{n1} & a_{n2} & \dots & a_{nn} \end{pmatrix}, \quad D^{\mathrm{T}} = \begin{pmatrix} a_{11} & a_{21} & \dots & a_{n1} \\ a_{12} & a_{22} & \dots & a_{n2} \\ \vdots & \vdots & & \vdots \\ a_{1n} & a_{2n} & \dots & a_{nn} \end{pmatrix}$$

矩阵的转置满足下述运算规律。

（1）$(A^{\mathrm{T}})^{\mathrm{T}} = A$

（2）$(A + B)^{\mathrm{T}} = A^{\mathrm{T}} + B^{\mathrm{T}}$

（3）$(\lambda A)^{\mathrm{T}} = \lambda A^{\mathrm{T}}$

（4）$(AB)^{\mathrm{T}} = B^{\mathrm{T}} A^{\mathrm{T}}$

矩阵的转置运算可以通过 transpose 函数来实现。该函数的调用格式如下：

```
numpy.transpose(X)
```

案例——验证 $(AB)^{\mathrm{T}} = B^{\mathrm{T}} A^{\mathrm{T}}$

解： PyCharm 程序如下：

```
# /usr/bin/env python3
# -*- coding: UTF-8 -*-
import numpy as np   # 导入 NumPy 模块库
A = np.matrix('1 -1 2;0 1 6;2 3 4')  # 创建矩阵
```

```
B = np.matrix('5 2 2;4 1 2;2 7 9')  # 创建矩阵
C = np.transpose(A*B)   # 求解矩阵的转置
D = np.transpose(B)*np.transpose(A)
# 输出矩阵
print('原矩阵',A,'转置矩阵',B,sep='\n')
if (C==D).all():   # 判断所有元素都为真
    print('公式验证正确')
else:
    print('公式验证错误')
```

运行结果如下：

```
原矩阵
[[ 1 -1  2]
 [ 0  1  6]
 [ 2  3  4]]
转置矩阵
[[5 2 2]
 [4 1 2]
 [2 7 9]]
公式验证正确
```

四、矩阵的行列式运算

一个 $n \times n$ 的方阵 A 的行列式记为 $\det(A)$ 或者 $|A|$，一个 2×2 的方阵的行列式可表示为

$$\det \begin{bmatrix} a & b \\ c & d \end{bmatrix} = ad - bc$$

在 NumPy 中，det 函数用来求解矩阵的行列式。该函数的调用格式如下：

```
numpy.linalg.det(X)
```

案例——求解矩阵 $A = \begin{pmatrix} 1 & -1 & 2 \\ 0 & 1 & 6 \\ 2 & 3 & 4 \end{pmatrix}$ **的行列式**

解： PyCharm 程序如下：

```
# /usr/bin/env python3
# -*- coding: UTF-8 -*-
import numpy as np  # 导入 NumPy 模块库
A = np.matrix('1 -1 2;0 1 6;2 3 4')  # 创建矩阵
B = np.linalg.det(A)   # 求解矩阵的行列式
# 输出矩阵
print('*'*10,'矩阵行列式运算','*'*10)
print('原矩阵',A,'行列式',B,sep='\n')
```

运行结果如下：

原矩阵

```
[[ 1 -1  2]
 [ 0  1  6]
 [ 2  3  4]]
```

行列式

```
-30.000000000000004
```

五、矩阵范数

范数是数值分析中的一个概念，它是向量或矩阵大小的一种度量，在工程计算中有着重要的作用。

对于矩阵 $A \in \mathbf{R}^{m \times n}$，常用的矩阵范数有以下几种。

（1）A 的行范数（∞-范数）：$\|A\|_{\infty} = \max_{1 \leqslant i \leqslant m} \sum_{j=1}^{n} |a_{ij}|$。

（2）A 的列范数（1-范数）：$\|A\|_1 = \max_{1 \leqslant j \leqslant n} \sum_{i=1}^{m} |a_{ij}|$。

（3）A 的欧氏（欧几里得距离）范数（2-范数）：$\|A\|_2 = \sqrt{\lambda_{\max}(A^{\mathrm{T}} A)}$，其中 $\lambda_{\max}(A^{\mathrm{T}} A)$ 表示 $A^{\mathrm{T}} A$ 的最大特征值。

（4）A 的 Forbenius 范数（F-范数）：$\|A\|_{\mathrm{F}} = \left(\sum_{i=1}^{m} \sum_{j=1}^{n} a_{ij}^2 \right)^{\frac{1}{2}} = \mathrm{trace}\left(A^{\mathrm{T}} A\right)^{\frac{1}{2}}$

在 Numpy 中，norm 函数用来求解向量范数和矩阵范数。该函数的调用格式如下：

```
numpy.linalg.norm(X)
```

案例——假设一艘帆船，计划从巴巴多斯北角(北纬 13.33°，西经 59.62°)航行到法国布列斯特(北纬 48.36°，西经 4.49°)，计算两个点之间的欧几里得距离

解： PyCharm 程序如下：

```
# /usr/bin/env python3
# -*- coding: UTF-8 -*-
import numpy as np   # 导入 NumPy 模块库
A = np.matrix('13.33 -59.62')  # 创建坐标点矩阵
B = np.matrix('48.36 -4.49')  # 创建坐标点矩阵
D = np.linalg.norm(B-A)  # 计算范数
# 输出矩阵
print('点坐标',A,B,'计算欧几里得距离',D,sep='\n')
```

运行结果如下：

点坐标

```
[[ 13.33 -59.62]]
```

```
[[48.36 -4.49]]
计算欧几里得距离
65.31782145785328
```

六、矩阵特征值

物理、力学和工程技术中的很多问题在数学上都被归结为求矩阵的特征值问题。例如，振动问题（桥梁的振动、机械的振动、电磁振荡、地震引起的建筑物的振动等）、物理学中某些临界值的确定等。

对于方阵 $A \in \mathbf{R}^{n \times n}$，多项式

$$f(\lambda) = \det(\lambda I - A)$$

称为 A 的特征多项式，它是关于 λ 的 n 次多项式。方程 $f(\lambda) = 0$ 的根称为方阵 A 的特征值；设 λ 为 $Ax = \lambda x A$ 的一个特征值，方程组

$$(\lambda I - A)x = 0$$

的非零解 x 称为方阵 A 对应于特征值 λ 的特征向量。

在 NumPy 中，求矩阵特征值和特征向量的函数是 eig。该函数的调用格式如下：

```
numpy.linalg.eig(X)
```

案例——对于矩阵 $A = \begin{pmatrix} 1 & 0 & 2 & 3 \\ 0 & 3 & 5 & 2 \\ 1 & 1 & 0 & 6 \\ 5 & 7 & 8 & 2 \end{pmatrix}$，**求特征值和特征向量**

解： PyCharm 程序如下：

```
# /usr/bin/env python3
# -*- coding: UTF-8 -*-
import numpy as np    # 导入 NumPy 模块库
A = np.matrix('1 0 2 3;0 3 5 2;1 1 0 6;5 7 8 2')  # 创建矩阵
D = np.linalg.eig(A)   # 计算特征值和特征向量
# 输出矩阵
print('矩阵',A,'特征向量',D[0],'特征值',D[1],sep='\n')
```

运行结果如下：

```
矩阵
[[1 0 2 3]
 [0 3 5 2]
 [1 1 0 6]
 [5 7 8 2]]
特征向量
[12.1283387   1.66823462 -4.82756487 -2.96900845]
特征值
```

```
[[ 0.28158948  0.70034837 -0.02675986 -0.19417731]
 [ 0.40196792 -0.6926532   0.34129775 -0.55693494]
 [ 0.43096835  0.16648733 -0.75695278  0.76651503]
 [ 0.75722879  0.04500746  0.55661679 -0.25411289]]
```

七、统计函数

NumPy 模块的核心功能是基于数组的运算，数组的运算效率是最高的。在统计分析过程中，经常会使用 NumPy 模块的函数。NumPy 模块用于数理统计的函数是比较简单的，其涉及的数学知识是大家比较熟悉的，如求均值与方差等。下面将对一些统计函数进行简单介绍。

1. 极值统计函数

在数学分析中，在给定范围内（相对极值）或函数的整个域（全局或绝对极值），函数的最大值和最小值被统称为极值（极数）。NumPy 极值统计函数如表 2-2 所示。

表 2-2　NumPy 极值统计函数

函数名	说明
np.min(ar,axis) np.amin(ar,axis)	按照轴的方向计算数组中的元素最小值
np.max(arr,axis) np.amax(arr,axis)	按照轴的方向计算数组中的元素最大值
np.argmin(arr,axis)	按照轴的方向返回数组中的元素最小值所在的位置
np.argmax(arr,axis)	按照轴的方向返回数组中的元素最大值所在的位置
np.ptp(arr)	计算数组中元素最大值与最小值的差（最大值-最小值）

2. 平均值函数

平均值包含算术平均值、几何平均值、平方平均值（均方根平均值）、调和平均值和加权平均值等。

一般情况下，平均值是指算术平均值。在 NumPy 中，mean 函数用来计算算术平均值。该函数的调用格式如下：

```
np.mean (ar, axis)
```

参数说明：
- ar：输入的数值、矩阵或数组。
- axis：轴的指定运算方向。

加权平均值是指将各数值乘以相应的权数后进行求和得到总体值，再除以总的单位数得到的数值。在 NumPy 中，average 函数用来计算加权平均值。该函数的调用格式如下：

```
np.average (ar, axis)
```

参数说明：
- ar：输入的数值、矩阵或数组。
- axis：轴的指定运算方向。

案例——某地区经勘探证明，A 盆地是一个钾盐矿区，今从 A 盆地抽取 5 个盐泉样本，检测 4 个特征，测量数据如表 2-3 所示，求该数据的极值与平均值

表 2-3　测量数据

盐泉类别	样本序号	特征 1	特征 2	特征 3	特征 4
A 盆地含钾盐泉	1	13.85	2.79	7.8	49.6
	2	22.31	4.67	12.31	47.8
	3	28.82	4.63	16.18	62.15
	4	15.29	3.54	7.5	43.2
	5	28.79	4.9	16.12	58.1

解： PyCharm 程序如下：

```
# /usr/bin/env python3
# -*- coding: UTF-8 -*-
import numpy as np    # 导入 NumPy 模块库
str = '13.85  2.79  7.8   49.6;\
       22.31  4.67 12.31 47.8;\
       28.82  4.63 16.18 62.15;\
       15.29  3.54  7.5  43.2;\
       28.79  4.9  16.12 58.1'
A = np.matrix(str)  # 创建矩阵
# 计算最小值
A1 = np.min(A,0)  # 按列计算每个特征数据最小值
A2 = np.min(A,1)  # 按行计算每个样本数据最小值
i1 = np.argmin(A,0)  # 按列计算每个特征数据最小值所在位置
i2 = np.argmin(A,1)  # 按行计算每个样本数据最小值所在位置
# 计算最大值
A3 = np.max(A,0)  # 按列计算每个特征数据最大值
A4 = np.max(A,1)  # 按行计算每个样本数据最大值
i3 = np.argmax(A,0)  # 按列计算每个特征数据最大值所在位置
i4 = np.argmax(A,1)  # 按行计算每个样本数据最大值所在位置
# 计算平均值
A5 = np.mean(A,0)  # 按列计算每个特征数据平均值
A6 = np.mean(A,1)  # 按行计算每个样本数据平均值
# 输出数据
print('*'*10,'钾盐数据','*'*10)
print(A)
print('每个特征数据最小值',A1,'每个特征数据最小值为样本',i1+1,sep='\n')
print('每个样本数据最小值',A2,'每个样本数据最小值为特征',i2+1,sep='\n')
print('每个特征数据最大值',A3,'每个特征数据最大值为样本',i3+1,sep='\n')
print('每个样本数据最大值',A4,'每个样本数据最大值为特征',i4+1,sep='\n')
print('每个特征数据平均值',A5,'每个样本数据平均值',A6,sep='\n')
```

运行结果如下：

********** 钾盐数据 **********

```
[[13.85  2.79  7.8  49.6 ]
 [22.31  4.67 12.31 47.8 ]
 [28.82  4.63 16.18 62.15]
 [15.29  3.54  7.5  43.2 ]
 [28.79  4.9  16.12 58.1 ]]
```
每个特征数据最小值
```
[[13.85  2.79  7.5  43.2 ]]
```
每个特征数据最小值为样本
```
[[1 1 4 4]]
```
每个样本数据最小值
```
[[2.79]
 [4.67]
 [4.63]
 [3.54]
 [4.9 ]]
```
每个样本数据最小值为特征
```
[[2]
 [2]
 [2]
 [2]
 [2]]
```
每个特征数据最大值
```
[[28.82  4.9  16.18 62.15]]
```
每个特征数据最大值为样本
```
[[3 5 3 3]]
```
每个样本数据最大值
```
[[49.6 ]
 [47.8 ]
 [62.15]
 [43.2 ]
 [58.1 ]]
```
每个样本数据最大值为特征
```
[[4]
 [4]
 [4]
 [4]
 [4]]
```
每个特征数据平均值
```
[[21.812  4.106 11.982 52.17 ]]
```
每个样本数据平均值
```
[[18.51  ]
 [21.7725]
 [27.945 ]
 [17.3825]
 [26.9775]]
```

常用的 NumPy 统计函数如表 2-4 所示。

表 2-4　常用的 NumPy 统计函数

函数名	说明
np.median(arr,axis)	按照轴的方向计算数组中的元素中位数
np.sum(arr,axis)	按照轴的方向计算数组中的元素和
np.std(ar,axis)	按照轴的方向计算数组中的元素标准差
np.var(arr,axis)	按照轴的方向计算数组中的元素方差
np.cumsum(arr,axis)	按照轴的方向计算数组中的元素累计和
np.cumprod(arr,axis)	按照轴的方向计算数组中的元素累计乘积
np.corrcoef(arr)	计算数组中的元素皮尔逊相关系数
np.cov(arr)	计算数组中的元素协方差矩阵
np.percentile(a,q,axis)	计算数组中元素的百分位数

项目总结

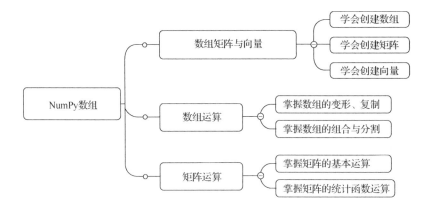

项目实战

实战　男子体能数据统计

　　Linnerud 曾经对男子的体能数据进行统计分析，他对某健身俱乐部的 20 名中年男子进行体能指标测量。被测数据分为两组，第一组是身体特征指标 X，包括体重、腰围、脉搏；第二组是训练结果指标 Y，包括单杠、弯曲、跳高。表 2-5 所示为男子体能指标测量数据。试统计不同指标数据。

表 2-5 男子体能指标测量数据

编号 i	1	2	3	4	5	6	7	8	9	10
体重 x_1	191	189	193	162	189	182	211	167	176	154
腰围 x_2	36	37	38	35	35	36	38	34	31	33
脉搏 x_3	50	52	58	62	46	56	56	60	74	56
单杠 y_1	5	2	12	12	13	4	8	6	15	17
弯曲 y_2	162	110	101	105	155	101	101	125	200	251
跳高 y_3	60	60	101	37	58	42	38	40	40	220
编号 i	11	12	13	14	15	16	17	18	19	20
体重 x_1	169	166	154	247	193	202	176	157	156	138
腰围 x_2	34	33	34	46	36	37	37	32	33	33
脉搏 x_3	50	52	64	50	46	62	54	52	54	68
单杠 y_1	17	13	14	1	6	12	4	11	15	2
弯曲 y_2	120	210	215	50	70	210	60	230	225	110
跳高 y_3	38	115	105	50	31	120	25	80	73	43

男子体能数据统计的步骤如下。

（1）定义数组数据。

```
# /usr/bin/env python3
# -*- coding: UTF-8 -*-
import numpy as np    # 导入 NumPy 模块库
# 创建矩阵
X=np.matrix('191 36 50;189 37 52;193 38 58;162 35 62;\
  189 35 46;182 36 56;211 38 56;167 34 60;176 31 74;\
  154 33 56;169 34 50;166 33 52;154 34 64;247 46 50;\
  193 36 46;202 37 62;176 37 54;157 32 52;156 33 54;\
   138 33 68')
Y=np.matrix('5 162 60;2 110 60;12 101 101;12 105 37;\
        13 155 58;4 101 42;8 101 38;6 125 40;15 200 40;\
        17 251 220;17 120 38;13 210 115;14 215 105;\
        1 50 50;6 70 31;12 210 120;4 60 25;11 230 80;\
        15 225 73;2 110 43')
```

（2）矩阵连接与转置。

```
X1 = np.transpose(X)     # 矩阵的转置
Y1 = np.transpose(Y)     # 矩阵的转置
print('第一组身体特征指标',X1 ,sep='\n')
print('第二组训练结果指标',Y1 ,sep='\n')
```

```
arr = np.concatenate((X1,Y1),axis =0)   # 矩阵连接
print('两组体能指标',arr ,sep='\n')
```

运行结果如下：

第一组身体特征指标

```
[[191 189 193 162 189 182 211 167 176 154 169 166 154 247 193 202 176 157
  156 138]
 [ 36  37  38  35  35  36  38  34  31  33  34  33  34  46  36  37  37  32
   33  33]
 [ 50  52  58  62  46  56  56  60  74  56  50  52  64  50  46  62  54  52
   54  68]]
```

第二组训练结果指标

```
[[  5   2  12  12  13   4   8   6  15  17  17  13  14   1   6  12   4  11
   15   2]
 [162 110 101 105 155 101 101 125 200 251 120 210 215  50  70 210  60 230
  225 110]
 [ 60  60 101  37  58  42  38  40  40 220  38 115 105  50  31 120  25  80
   73  43]]
```

两组体能指标

```
[[191 189 193 162 189 182 211 167 176 154 169 166 154 247 193 202 176 157
  156 138]
 [ 36  37  38  35  35  36  38  34  31  33  34  33  34  46  36  37  37  32
   33  33]
 [ 50  52  58  62  46  56  56  60  74  56  50  52  64  50  46  62  54  52
   54  68]
 [  5   2  12  12  13   4   8   6  15  17  17  13  14   1   6  12   4  11
   15   2]
 [162 110 101 105 155 101 101 125 200 251 120 210 215  50  70 210  60 230
  225 110]
 [ 60  60 101  37  58  42  38  40  40 220  38 115 105  50  31 120  25  80
   73  43]]
```

项目三

财务数据的采集

财务分析的基础是财务数据，财务数据可以通过调查、记录等多种方式进行采集。数据采集也被称为"数据获取"或"数据收集"，它是一个对现实世界的信息进行提取、采样，以便产生计算机能够处理的数据的过程。

目前常见的数据采集的形式分为主动采集和被动采集。主动采集以明确的数据需求为目的，利用相应的设备和技术手段主动采集所需要的数据，如实地调查数据、监控数据；被动采集以数据平台为基础，由数据平台的运营者提供数据来源，如电子商务数据、网络论坛数据等，被动采集可通过网络爬虫技术进行抓取。

采集财务数据的方法有 3 种，包括直接获取、通过文件导入获取和通过检索获取。本章详细讲解如何采集财务数据。

任务一 // 直接获取财务数据

任务引入

小明作为公司出纳，要完成银行存款日记账、现金日记账、资金日报表的编制工作，在采集、处理数据时，需要输入大量重复的、有规律的数据。那么，怎么才能快速填充数据，减少输入的工作量呢？

知识准备

直接获取是最简单的财务数据获取方法，具体包括两种方式，即人工输入财务数据和直接读取经过转换的财务数据。

Python 中常用的输入或读取的数据类型包括 Pandas 数组和 Table 表格。Python 可以读取 Excel 数据、htm 数据和 csv 数据等。

一、Pandas 数组数据

Pandas 的两种主要数据结构为 Series（一维数组结构）和 DataFrame（二维数组结构）。当处理财务和金融领域的数据时，这两种数据结构是基本的数据类型。

1. Series

Series 是一种类似一维数组的对象，它由一组数据（NumPy 中的数据类型）及一组与之相关的数据标签（即索引）组成。

在 Pandas 中，Series 函数用来创建一维数组对象 Series。此函数的调用格式如下：

```
pandas.Series( data, index, dtype, name, copy)
```

参数说明：

- data：一组数据（ndarray 类型）。
- index：数据索引标签，默认从 0 开始。
- dtype：数据类型。
- name：设置名称。
- copy：复制数据，默认为 False。

创建 Series 对象后，可以通过设置 Series 属性达到修改 Series 的目的，Series 常用属性如表 3-1 所示。

表 3-1　Series 常用属性

属性	说明
values	获取数组数据
index	获取索引
name	数组数据的名称
index.name	索引的名称

Series 的表示形式：索引在左边，值在右边。若没有为数据指定索引，则会自动创建一个 0 到 $N-1$（N 为数据的长度）的整数型索引。可以通过 Series 的 values 和 index 属性获取其数组表示形式和索引对象，索引列表包含的可以是整数，也可以是字符串。

2．DataFrame

DataFrame 是一个表格型的数据结构，它含有一组有序的列，每列可以是不同的值类型（数值、字符串、布尔值等）。DataFrame 既有行索引也有列索引，它可以被视为由 Series 组成的字典（共用同一个索引）。DataFrame 中的数据是以一个或多个二维块存放的，而不是列表、字典或别的一维数据结构。

（1）DataFrame 函数。

在 Pandas 中，DataFrame 函数用来创建二维数组对象 DataFrame，它的调用格式如下：

```
pandas.DataFrame( data, index, columns, dtype, copy)
```

参数说明：

● data：一组数据（ndarray、Series、map、list、dictionary 等类型）。

● index：索引值，也被称为行标签。

● columns：列标签，默认为 RangeIndex (0,1,2,···,n)。

● dtype：数据类型。

● copy：复制数据，默认为 False。

DataFrame 会自动添加索引，默认从 0 开始且全部列会被有序排列。

（2）DataFrame 属性。

DataFrame 常用属性如表 3-2 所示。

表 3-2　DataFrame 常用属性

属性	说明
index	DataFrame 的行索引值
columns	DataFrame 的列索引值
axes	DataFrame 的行坐标轴
T	DataFrame 的行列对调
info()	DataFrame 的基本信息
describe()	查看数据值列的汇总统计，可返回变量和观测的数量、缺失值和唯一值的数目、平均值、分位数等相关信息

一维数组结构 Series 是二维数组结构 DataFrame 的子集，通过类似字典标记的方式或属性的方式，可以将 DataFrame 的列获取为一个 Series。例如，淘宝某新开店铺产品日销售表 frame 包含 3 列数据，即"商品名称""单价""数量"，任意抽取一列即可生成一维数组结构 Series。

DataFrame 对象的迭代函数如表 3-3 所示。

表 3-3　DataFrame 对象的迭代函数

函数名	说明	参数
iteritems()	将列迭代(col,value)对	col 表示列索列，value 表示列值
iterrows()	将行迭代(index,value)对	index 表示行索引，value 表示行值
itertuples()	以 namedtuples 的形式迭代行	namedtuples 表示行形式

例如，对于数组 df，有以下操作：

```
### 直接列名迭代
for col in df:
    print(col)
### 键值对迭代，将以列标签为键，列元素为值
for key,value in df.iteritems():
    print(key,value)
### 也可以行迭代，遍历行，此时列标签将作为索引
for row_index,row in df.iterrows():
    print(row_index,row)
### 也可以将每行封装成一个元组进行迭代
for row in df.itertuples():
    print(row)
###迭代返回原始数据的副本或视图，并不会更改原始对象
for index,row in df.iterrows():
    row['a'] = 10
    print(row)
```

案例——编制账户式资产负债表

资产负债表正表的格式一般有两种：报告式资产负债表和账户式资产负债表。

报告式资产负债表是上下结构，上半部分列示资产，下半部分列示负债和所有者权益。其具体排列形式又有两种：一是按"资产=负债+所有者权益"的原理排列；二是按"资产-负债=所有者权益"的原理排列。

账户式资产负债表是左右结构，左边列示资产，右边列示负债和所有者权益。不管采取什么格式，资产各项目的合计等于负债和所有者权益各项目的合计这一等式都不会改变。

本例的资产负债表采用账户式，每个项目又分为"年初余额"和"期末余额"两栏，可分别填列。

解： PyCharm 程序如下：

```
# /usr/bin/env python3
```

```
# -*- coding: UTF-8 -*-
import numpy as np   # 导入 NumPy 模块库
import pandas as pd   # 导入 Pandas 模块库
# 输出数据列名与数据对齐方式
pd.set_option('display.unicode.ambiguous_as_wide',True)
pd.set_option('display.unicode.east_asian_width',True)
# 定义数据
data = [['流动资金','','','','',''],['长期投资','','','','','']]
columns = ['资产','年初数','期末数','负债和所有者权益','年初数','期末数']   # 定义列
索引
frame = pd.DataFrame(data, columns = columns)
# 输出数据
print('*'*10,'账户式资产负债表','*'*10)
print(frame)
```

运行结果如下：

```
********** 账户式资产负债表 **********
      资产 年初数 期末数 负债和所有者权益 年初数 期末数
0   流动资金
1   长期投资
```

二、Table 表格数据

表格的基本组成：标题+表头+单元格，如图 3-1 所示。单元格的组成，就是行与列的组合。PrettyTable 是 Python 中 ASCII 格式的表格。

图 3-1　表格基本组成

1. 创建表格

在 PrettyTable 中，PrettyTable 函数用于创建 PrettyTable 格式的空白表格。该函数的调用格式如下：

```
tb = pt.PrettyTable()
```

如果要分析表格数据，那么表格里必须有数据，PrettyTable 提供了多种添加、删除数据的方式，常用的设置表格数据函数如表 3-4 所示。

表 3-4　设置表格数据函数

函数名	说明
tb.title	设置表格的名称
tb.field_names	添加表格的表头
tb.add_row(<list>)	添加表格的行名与行数据
tb.add_rows(<list>)	添加表格的多行
tb.add_column(<list>)	添加表格的列名与列数据
tb.copy()	复制表格
tb.del_row()	删除某行
tb.clear_rows()	清空数据，保留字段名
tb.clear()	清空所有数据

创建表格后，可以通过函数有选择地输出某些特定的行或指定的元素。

2．表格切片

在 PrettyTable 中，中括号[m:n]可以实现切片功能，通过指定索引 index 输出指定的列，m 表示起始列索引，n 表示终止列索引，索引 index 从 0 开始。例如，table[0:5]表示输出前 5 行表格。

3．设置输出样式

在 PrettyTable 中，table.get_string 函数用来设置输出无表格框的表格，例如：

```
table.get_string()
```

> **提示**
>
> table.get_html_string()可以输出带 HTML 标签的表格。

table.get_string 函数还可以根据参数输出指定的列，类似切片功能。

```
table.get_string(fields = index_name)
table.get_string(start = 0, end = 2)
table.get_string(sortby=index_name, reversesort=True)
```

参数说明：
- index_name：列名称。
- start 和 end：控制显示区间，区间中包含 start 不包含 end。
- sortby：输出根据列名排序的表格。
- reversesort：指定了是否倒序排序，默认为 False，即默认为顺序排序。

案例——编制销售额数据表

编制某企业的全国各分公司的销售额数据表，这张表格里含有同比率（同比增长率）、目标达成率和各分公司销售额在所有分公司的销售额中所占的比率。其中还有一个指标表示实际差额——"去年差额"。

解：PyCharm 程序如下：

```python
# /usr/bin/env python3
# -*- coding: UTF-8 -*-
import pandas as pd    # 导入 Pandas 模块库
from prettytable import PrettyTable    # 导入 PrettyTable 模块库
table = PrettyTable()    # 创建空白表格
table.title = ['饮料销售额年度汇总表']  # 添加标题
# 添加表头
table.field_names = ['品种','地区','2009 年','2010 年',\
                     '同比率','去年差额','2010 年预算','目标达成率',\
                     '各分公司结构比率']
# # 按行添加数据
table.add_row(['绿茶','北京',16.868,10.171,'60%',-6.697,11.188,'91%', '2%'])
table.add_row(['绿茶','辽宁',32.421,29.165,'90%',-3.257,34.414,'85%','4%'])
table.add_row(['绿茶','天津',35.390,35.903,'101%',513.34,108,'105%','6%'])
table.add_row(['苏打水','河南',331.594,354.873,'107%',23.279,411.653,'86%',
'54%'])
table.add_row(['苏打水','湖北',42.574,49.170,'115%',6.596,57.037,'86%','8%'])
table.add_row(['苏打水','安徽',100.335,87.818,'88%',-12.517,87.818,'100%',
'13%'])
table.add_row(['可乐','天津',20.286,20.992,'103%',705,20.992,'100%','3%'])
table.add_row(['可乐','辽宁',57.298,58.369,'102%',1.071,65.373,'89%','9%'])
table.add_row(['红茶','北京',3.724,4.913,'132%',1.189,5.306,'93%','1%'])
table.add_row(['红茶','云南',640.491,651.373,'102%',10.881,749.088,'87%',
'100%'])
table.add_row(['苏打水','浙江',5.139,4.227,'82%',-912,4.438,'95%','1%'])
table.add_row(['可乐','四川',18.964,19.529,'103%',565,21.677,'90%','5%'])
table.add_row(['可乐','湖北',57.298,58.369,'102%',1.071,65.373,'89%', '9%'])
table.add_row(['红茶','宁夏',249.6952,32.667,'93%',-17.028,218.707,'106%', '58%'])
table.add_row(['红茶','新疆',36.631,32.041,'87%',-4.590,38.769,'83%', '8%'])
# 输出表格
print(table)
```

运行结果如下：

```
+------------------------------------------------------------------------------------------------+
|                              ['饮料销售额年度汇总表']                                          |
+------+------+----------+---------+--------+---------+----------+----------+----------------+
| 品种 | 地区 |  2009年  |  2010年 | 同比率 | 去年差额 | 2010年预算 | 目标达成率 | 各分公司结构比率 |
+------+------+----------+---------+--------+---------+----------+----------+----------------+
| 绿茶 | 北京 |  16.868  |  10.171 |  60%   | -6.697  |  11.188  |   91%    |       2%       |
| 绿茶 | 辽宁 |  32.421  |  29.165 |  90%   | -3.257  |  34.414  |   85%    |       4%       |
| 绿茶 | 天津 |  35.39   |  35.903 |  101%  | 513.34  |   108    |   105%   |       6%       |
| 苏打水 | 河南 | 331.594  | 354.873 |  107%  | 23.279  | 411.653  |   86%    |      54%       |
| 苏打水 | 湖北 |  42.574  |  49.17  |  115%  |  6.596  |  57.037  |   86%    |       8%       |
| 苏打水 | 河南 | 100.335  |  87.818 |  88%   | -12.517 |  87.818  |   100%   |      13%       |
| 可乐 | 天津 |  20.286  |  20.992 |  103%  |   705   |  20.992  |   100%   |       3%       |
| 可乐 | 辽宁 |  57.298  |  58.369 |  102%  |  1.071  |  65.373  |   89%    |       9%       |
| 红茶 | 北京 |  3.724   |  4.913  |  132%  |  1.189  |  5.306   |   93%    |       1%       |
| 红茶 | 云南 | 640.491  | 651.373 |  102%  | 10.881  | 749.088  |   87%    |      100%      |
| 苏打水 | 浙江 |  5.139   |  4.227  |  82%   |  -912   |  4.438   |   95%    |       1%       |
| 可乐 | 四川 |  18.964  |  19.529 |  103%  |   565   |  21.677  |   90%    |       5%       |
| 可乐 | 湖北 |  57.298  |  58.369 |  102%  |  1.071  |  65.373  |   89%    |       9%       |
| 红茶 | 宁夏 | 249.6952 |  32.667 |  93%   | -17.028 | 218.707  |   106%   |      58%       |
| 红茶 | 新疆 |  36.631  |  32.041 |  87%   |  -4.59  |  38.769  |   83%    |       8%       |
+------+------+----------+---------+--------+---------+----------+----------+----------------+
```

（1）内置样式。

PrettyTable 提供了强大的格式化功能，包括设置工作表数据的输入格式、设置对齐方式、设置边框、调整行高和列宽、使用条件格式、自动套用格式、建立和使用样式等。

set_style 函数可以设置表格样式，PrettyTable 内置了多种样式，包括 MSWORD_FRIENDLY（配合 Microsoft Word 的"转换为表格"功能）、PLAIN_COLUMNS（无边界样式，适合柱状数据）、DEFAULT（默认样式）。RANDOM 是一种随机的样式，每次从内置的样式中随机选择。例如：

```python
# 导入表格内置样式
from prettytable import MSWORD_FRIENDLY
from prettytable import PLAIN_COLUMNS
from prettytable import RANDOM
from prettytable import DEFAULT
```

案例——输出不同内置样式表格

解：PyCharm 程序如下：

```python
# /usr/bin/env python3
# -*- coding: UTF-8 -*-
import numpy as np    # 导入 NumPy 模块库
import pandas as pd   # 导入 Pandas 模块库
# 导入 PrettyTable 模块
from prettytable import PrettyTable
from prettytable import from_csv
# 导入表格内置样式
from prettytable import MSWORD_FRIENDLY
from prettytable import PLAIN_COLUMNS
```

```
from prettytable import RANDOM
from prettytable import DEFAULT
table = PrettyTable()   # 创建空白表格
file ='D:\\NewPython\\煤炭开采和洗选业经济指标.csv'   # 定义文件路径
# 读取指定路径下的csv文件，读取表格型的文本数据
print('*'*10,'煤炭开采和洗选业经济指标数据','*'*10)
data = open(file,"r",encoding='utf-8')   # 打开csv文件
table = from_csv(data)   # 导入csv数据
# 输出DEFAULT样式
table.set_style(DEFAULT)
# 输出前5行
print('输出DEFAULT样式',table[0:5],sep='\n')
# 输出MSWORD_FRIENDLY样式
table.set_style(MSWORD_FRIENDLY)
print('输出MSWORD_FRIENDLY样式',table[0:5],sep='\n')
# 输出PLAIN_COLUMNS样式
table.set_style(PLAIN_COLUMNS)
print('输出PLAIN_COLUMNS样式',table[0:5],sep='\n')
```

运行结果如下：

```
********** 煤炭开采和洗选业经济指标数据 **********
输出DEFAULT样式
+----------+-------------+--------------+--------------+-----------+-----------+-------------+--------------+-------------+
| 类别年份 | 企业数量(个) | 亏损企业数(个) | 亏损总额(亿元) | 累计增长(%) | 存货(亿元) | 累计增长(%).1 | 产成品(亿元) | 累计增长(%).2 |
+----------+-------------+--------------+--------------+-----------+-----------+-------------+--------------+-------------+
| 202111   |    4343     |     1024     |    440.1     |   -21.5   |  1350.0   |     8.5     |    680.9     |    15.1     |
| 202110   |    4334     |     1083     |    382.8     |   -27.9   |  1300.6   |     3.9     |    627.9     |     5.9     |
| 202109   |    4322     |     1224     |    383.1     |   -21.7   |  1223.0   |    -1.1     |    565.0     |    -5.0     |
| 202108   |    4312     |     1234     |    358.1     |   -15.1   |  1179.9   |    -4.1     |    538.4     |    -9.4     |
| 202107   |    4298     |     1305     |    323.0     |   -12.0   |  1166.7   |    -3.2     |    534.2     |    -9.0     |
+----------+-------------+--------------+--------------+-----------+-----------+-------------+--------------+-------------+
输出MSWORD_FRIENDLY样式
| 类别年份 | 企业数量(个) | 亏损企业数(个) | 亏损总额(亿元) | 累计增长(%) | 存货(亿元) | 累计增长(%).1 | 产成品(亿元) | 累计增长(%).2 |
| 202111   |    4343     |     1024     |    440.1     |   -21.5   |  1350.0   |     8.5     |    680.9     |    15.1     |
| 202110   |    4334     |     1083     |    382.8     |   -27.9   |  1300.6   |     3.9     |    627.9     |     5.9     |
| 202109   |    4322     |     1224     |    383.1     |   -21.7   |  1223.0   |    -1.1     |    565.0     |    -5.0     |
| 202108   |    4312     |     1234     |    358.1     |   -15.1   |  1179.9   |    -4.1     |    538.4     |    -9.4     |
| 202107   |    4298     |     1305     |    323.0     |   -12.0   |  1166.7   |    -3.2     |    534.2     |    -9.0     |
输出PLAIN_COLUMNS样式
类别年份     企业数量(个)       亏损企业数(个)      亏损总额(亿元)       累计增长(%)       存货(亿元)        累计增长(%).1       产成品(亿元)       累计增长(%).2
202111       4343            1024            440.1           -21.5         1350.0          8.5            680.9          15.1
202110       4334            1083            382.8           -27.9         1300.6          3.9            627.9          5.9
202109       4322            1224            383.1           -21.7         1223.0          -1.1           565.0          -5.0
202108       4312            1234            358.1           -15.1         1179.9          -4.1           538.4          -9.4
202107       4298            1305            323.0           -12.0         1166.7          -3.2           534.2          -9.0
```

（2）自定义样式。

除内置样式外，PrettyTable 也提供了用户自定义样式。表格的样式设置方法包括两种，可以直接使用 PrettyTable 函数，也可以使用小黑点定义表格属性。例如：

```
x = PrettyTable()
# 小黑点定义表格属性
x.border=False
x.header=False
x.padding_width=5
# 函数定义
x=PrettyTable(border=False, header=False, padding_width=5)
```

在 PrettyTable 中，自定义设置表格样式属性的命令如表 3-5 所示。

表 3-5　自定义设置表格样式属性的命令

命令名	说明	参数值
border	控制表格边框是否显示	True 或 False
header	控制表格第一行是否作为表头显示	True 或 False
header-style	控制表头信息的大小写	"cap"（每个单词首字母大写），"title"（除介词和助词外，其他词语首字母大写），"lower"（全部小写）或 None（不改变原内容格式）。默认参数为 None
hrules	设置表格内部水平边线	FRAME，ALL，NONE
vrules	设置表格内部竖直边线	FRAME，ALL，NONE
align	水平对齐方式	None，"1"（左对齐），"c"（居中），"r"（右对齐）
valign	垂直对齐方式	None，"t"（顶部对齐），"m"（居中），"b"（底部对齐）
int_format	控制整型数据的格式	
float_format	控制浮点型数据的格式	
padding_width	列数据左右的空格数量	
left_padding_width	列数据左侧的空格数量	
right_padding_width	列数据右侧的空格数量	
vertical_char	绘制竖直边线的字符	默认为 "|"
horizontal_char	绘制水平边线的字符	默认为 "-"
junction_char	绘制水平竖直交汇点的字符	默认为 "+"

案例——设置表格对齐方式

align 提供了用户设置对齐的方式，l、r、c 分别代表左对齐、右对齐和居中。如果不设置对齐方式，则默认为居中对齐。

解： PyCharm 程序如下：

```
# /usr/bin/env python3
# -*- coding: UTF-8 -*-
# 导入 PrettyTable 模块库
from prettytable import PrettyTable
from prettytable import from_csv
# 创建空白表格
table = PrettyTable()
file ='D:\\NewPython\\乳制品销售数据.csv'  # 定义文件路径
# 读取指定路径下的 csv 文件，读取表格型的文本数据
print('*'*10,'乳制品销售数据','*'*10)
data = open(file,"r")  # 打开 csv 文件
table = from_csv(data)  # 导入 csv 数据
# 输出前 5 行
```

```
print('输出默认格式',table[0:5],sep='\n')
table.align = 'l'   # 控制对齐方式为左对齐
print('左对齐',table[0:5],sep='\n')
table.align = 'r'   # 控制对齐方式为右对齐
print('右对齐',table[0:5],sep='\n')
```

运行结果如下：

```
********** 乳制品销售数据 **********
输出默认格式
+------------+---------+----------------+------------------+------------------+
| Unnamed: 0 |  日期    | 销售量累计值(万吨) | 产销率同比增减(%)   | 库存比年初增减(%)   |
+------------+---------+----------------+------------------+------------------+
|     1      | 2019年Q3 |     2021.3      |       -0.3       |      -14.8        |
|     2      | 2019年Q1 |     628.92      |       0.6        |      -0.2         |
|     3      | 2018年Q4 |     2681.46     |       0.2        |       16          |
|     4      | 2018年Q2 |     1346.13     |       1.8        |       4.7         |
|     5      | 2018年Q1 |     585.73      |       -0.8       |       2.8         |
+------------+---------+----------------+------------------+------------------+
左对齐
+------------+---------+----------------+------------------+------------------+
| Unnamed: 0 | 日期     | 销售量累计值(万吨) | 产销率同比增减(%)   | 库存比年初增减(%)   |
+------------+---------+----------------+------------------+------------------+
| 1          | 2019年Q3 | 2021.3         | -0.3             | -14.8             |
| 2          | 2019年Q1 | 628.92         | 0.6              | -0.2              |
| 3          | 2018年Q4 | 2681.46        | 0.2              | 16                |
| 4          | 2018年Q2 | 1346.13        | 1.8              | 4.7               |
| 5          | 2018年Q1 | 585.73         | -0.8             | 2.8               |
+------------+---------+----------------+------------------+------------------+
右对齐
+------------+---------+----------------+------------------+------------------+
| Unnamed: 0 |    日期  | 销售量累计值(万吨) | 产销率同比增减(%)   | 库存比年初增减(%)   |
+------------+---------+----------------+------------------+------------------+
|          1 | 2019年Q3 |        2021.3   |           -0.3   |           -14.8  |
|          2 | 2019年Q1 |        628.92   |            0.6   |           -0.2   |
|          3 | 2018年Q4 |        2681.46  |            0.2   |            16    |
|          4 | 2018年Q2 |        1346.13  |            1.8   |            4.7   |
|          5 | 2018年Q1 |        585.73   |           -0.8   |            2.8   |
+------------+---------+----------------+------------------+------------------+
```

案例——控制表格边框样式

在 PrettyTable 中，边框由 3 部分组成：横边框、竖边框和边框连接符（横竖交叉的连接符号）。

解： PyCharm 程序如下：

```
table.border = True      # 显示边框
table.junction_char='$'  # 控制边框连接符
table.horizontal_char = '+'  # 控制横边框符号
table.vertical_char = 'p'    # 控制竖边框符号
table.padding_width = 0      # 设置表格左右的空格数量
print('设置边框',table[0:5],sep='\n')
```

运行结果如下：

```
设置边框
$+++++++++$++++++++$++++++++++++++++++$+++++++++++++++++$++++++++++++++++$
pUnnamed: 0p      日期p销售量累计值（万吨）p产销率同比增减(%)p库存比年初增减(%)p
$+++++++++$++++++++$++++++++++++++++++$+++++++++++++++++$++++++++++++++++$
p         1p2019年Q3p            2021.3p            -0.3p           -14.8p
p         2p2019年Q1p            628.92p             0.6p            -0.2p
p         3p2018年Q4p           2681.46p             0.2p              16p
p         4p2018年Q2p           1346.13p             1.8p             4.7p
p         5p2018年Q1p            585.73p            -0.8p             2.8p
$+++++++++$++++++++$++++++++++++++++++$+++++++++++++++++$++++++++++++++++$
```

任务二 // 从文件导入财务数据

任务引入

领导让小明制作库存报表，用于结清当日现金余额，盘点现金，并与现金日记账核对，要求表格内容简洁明了。那么，小明该怎样进行数据的引入呢？

知识准备

通过文件导入财务数据有两种方式，即直接打开其他类型的文件和导入外部财务数据，这两种方式都是通过与其他软件共享文件来获取外部财务数据的。

在 Python 中，获取外部数据有以下 4 种方法。

● 读取电子表格文件，如 Excel 文件。

● 读取文本文件的数据，如 txt 文件和 csv 文件。

● 读取统计软件生成的数据文件，如 SAS 数据集、SPSS 数据集等。

● 读取数据库数据，如 MySQL 数据、SQL Server 数据。

一、电子表格文件

Excel 文件是常用的电子表格软件，它可用于各种数据的处理、统计分析和辅助决策操作，被广泛地应用在管理、统计财经、金融等众多领域。Excel 文件的默认保存格式：Excel 2003 及之前的版本默认将文件保存为 xls 格式，Excel 2007 及之后的版本默认将文件保存为 xlsx 格式。

Excel 文件的基本元素如图 3-2 所示，说明如下。

● 路径：Python 中 Excel 的路径是指文件所在的位置，如 ":\pycharmProject\python_self_study"。

- 文件①：工作簿指的就是一个以.xlsx 或.xls 结尾的文件，对应 openpyxl 中的 WorkBook。
- 表格（工作表）②：Excel 中的表格指的是 Excel 文件中的一个 Sheet，对应 openpyxl 中的 WorkSheet。
- 单元格③：单元格就是一个 Sheet 中众多小格子中的一个小格子，对应 openpyxl 中的 Cell。
- 行④和列⑤：行和列是一个 Sheet 中有内容的行和列。

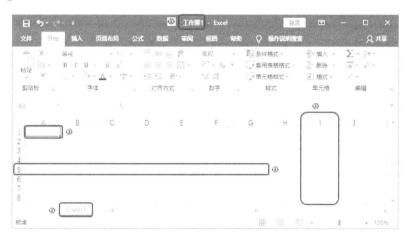

图 3-2　Excel 文件的基本元素

Python 中有很多针对 Excel 进行数据处理的模块库，如 xlrd、xlwt、openpyxl，以及大数据中常用的 Pandas 等，下面分别进行介绍。

1. xl 模块库

xlrd 模块库用于读取 Excel 文件，xlwt 模块库用于写入 Excel 文件（不支持对 xlsx 格式的修改）。在程序中使用模块库，还需要导入该模块。例如：

```
import xlrd   # 导入 xlrd 模块库
import xlwt   # 导入 xlwt 模块库
import xlsxwriter  # 导入 xlsxwriter 模块库
```

在 Excel 中，我们通常会对工作簿和工作表进行操作，常用的命令如表 3-6 和表 3-7 所示。

表 3-6　Excel 读取对象命令

命令名	说明
data = xlrd.open_workbook(filename)	打开 Excel 文件读取数据
table = data.sheets()[i] table = data.sheet_by_index(sheet_indx)) table = data.sheet_by_name(sheet_name)	返回一个 xlrd.sheet.Sheet()对象，获取方法如下： 通过索引顺序 i 获取 通过索引顺序 sheet_indx 获取 通过名称 sheet_name 获取
names = data.sheet_names()	返回工作簿中所有工作表的名字
data.sheet_loaded(sheet_name or indx)	检查某个工作表是否导入完毕

表 3-7　Excel 写入对象命令

命令名	说明
wb=xlwt.workbook()	创建 Excel 文件，用于写入数据
ws=wb.add_sheet('sheet1')	创建表格 sheet1
ws.write(row,col,value,style)	在工作表中汇总写入数据，row 表示数据所在的行，col 表示数据所在的列，value 表示数据，style 表示数据类型
wb.save(file)	保存文件

提示

运行操作 Excel 的代码时，要先关闭在操作系统中打开的相关 Excel 文件，否则可能无法读取/写入数据。

单元格的行命令、单元格的列命令和单元格命令分别如表 3-8、表 3-9 和表 3-10 所示。

表 3-8　单元格的行命令

命令名	说明
nrows = table.nrows	获取该工作表中的有效行数
table.row(rowx)	返回由 rowx 指定的行中所有的单元格对象组成的列表，如 table.row(yowx=0)
table.row_slice(rowx)	返回由 rowx 指定的行中所有的单元格对象组成的列表
table.row_types(rowx, start_colx=0, end_colx=None)	返回由 rowx 指定的行中所有单元格的数据类型组成的列表
table.row_values(rowx, start_colx=0, end_colx=None)	返回由 rowx 指定的行中所有单元格的数据组成的列表
table.row_len(rowx)	返回该列的有效单元格长度

表 3-9　单元格的列命令

命令名	说明
ncols = table.ncols	获取列表的有效列数
table.col(colx, start_rowx=0, end_rowx=None)	返回由 colx 指定的列中所有单元格对象组成的列表
table.col_slice(colx, start_rowx=0, end_rowx=None)	返回由 colx 指定的列中所有单元格对象组成的列表
table.col_types(colx, start_rowx=0, end_rowx=None)	返回由 colx 指定的列中所有单元格的数据类型组成的列表
table.col_values(colx, start_rowx=0, end_rowx=None)	返回由 colx 指定的列中所有单元格的数据组成的列表

表 3-10　单元格命令

命令名	说明
table.cell(rowx,colx)	返回单元格对象
table.cell_type(rowx,colx)	返回单元格中的数据类型
table.cell_value(rowx,colx)	返回单元格中的数据

案例——读取并输出 2017 年利润统计数据

2017 年利润统计数据如图 3-3 所示。

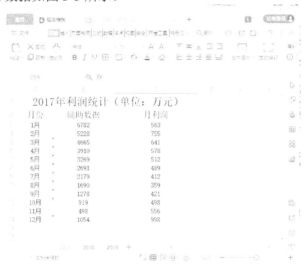

图 3-3　2017 年利润统计数据

解： PyCharm 程序如下：

```
# /usr/bin/env python3
# -*- coding: UTF-8 -*-
import xlrd    # 导入 xlrd 模块库
import xlwt    # 导入 xlwt 模块库
# 打开 Excel 文件读取数据
data = xlrd.open_workbook('D:\\NewPython\\2017 年利润统计.xls')
table = data.sheets()
#获取 book 中所有表格的名称
print('获取 book 中所有工作表的名称：')
print(data.sheet_names())
#['Sheet1]
#根据表格的名称获取表格的内容
table=data.sheet_by_name('2017')
#通过表格的索引获取表格的内容
```

```
#table=data.sheet by_name(e)
#打印表格的名称、行数和列数
print('打印工作表的名称、行数和列数：')
print(table.name,table.nrows,table.ncols)
#输出第3行的内容
rou_3=table.row(rowx=2)
print('获取第3行的内容,以字典形式表示：')
print(rou_3)
#输出第3列的内容
col_3=table.col(colx=2)
print('获取第3列的内容,以字典形式表示：')
print(col_3)
#输出第4行的内容
rou_4=table.row_values(3)
print('获取第4行的内容,以列表形式表示：')
print(rou_4)
# 获取第3列的内容,以列表形式表示
col_3=table.col_values(2)
print('获取第3列的内容,以列表形式表示：')
print(col_3)
# 获取表格中单元格的3种方法
print('获取工作表中单元格的3种方法：')
print('方法1：  ',table.cell(1,0).value,sep='\n')
print('方法2：  ',table.cell_value(1,0),sep='\n')
print('方法3：  ',table.row(1)[0].value,sep='\n')

#获取单元格内容的数据类型
print('获取单元格内容的数据类型：')
print(type(table.cell_value(1,2)))

# 输出第1列的数,返回数据为列表格式
cols=table.col(0)
#遍历列表
for col in cols:
    print(col.value)
```

运行结果如下：

获取 book 中所有工作表的名称：
['2017', '2018', '2019']
打印工作表的名称、行数和列数：
2017 14 3
获取第3行的内容,以字典形式表示：
[text:'1 月', number:6782.0, number:563.0]
获取第3列的内容,以字典形式表示：

```
[empty:'', text:'月利润', number:563.0, number:755.0, number:641.0,
number:578.0,    number:512.0,    number:489.0,    number:412.0,    number:359.0,
number:421.0, number:498.0, number:556.0, number:998.0]
```

获取第 4 行的内容，以列表形式表示：

```
['2月', 5228.0, 755.0]
```

获取第 3 列的内容，以列表形式表示：

```
['', '月利润', 563.0, 755.0, 641.0, 578.0, 512.0, 489.0, 412.0, 359.0, 421.0,
498.0, 556.0, 998.0]
```

获取工作表中单元格的 3 种方法：

方法 1：

月份

方法 2：

月份

方法 3：

月份

获取单元格内容的数据类型：

```
<class 'str'>
```

2017 年利润统计（单位：万元）

月份

1 月

2 月

3 月

4 月

5 月

6 月

7 月

8 月

9 月

10 月

11 月

12 月

2. openpyxl 模块库

openpyxl 模块库是一个读/写 xlsx 格式的 Excel 文档的 Python 库，能够同时读取和修改 Excel 文档。执行其他与 Excel 相关的项目（包括读或写 Excel）时需要安装、加载该模块库。安装 openpyxl 模块库后，在程序中使用该模块库，还需要导入该模块库。例如：

```
import openpyxl as op    # 导入 openpyxl 模块库
```

在 openpyxl 中，Excel 包括 3 个对象：WorkBook（工作簿对象）、Sheet（表单对象）、Cell（表格对象）。常用的 Excel 对象命令如表 3-11、表 3-12 和表 3-13 所示。

表 3-11　WorkBook 对象命令

命令名	说明
wb = load_workbook('file.xlsx')	当 Excel 存在时，加载 Excel 中的 WorkBook，以.xlsx 或.xls 结尾的文件
wb = Workbook()	创建 WorkBook
wb.save("file.xlsx")	以.xlsx 或.xls 保存文件
wb.close	关闭 Excel 文件

表 3-12　Sheet 对象命令

命令名	说明
sheets = wb.worksheets	通过 WorkBook 的 worksheets 属性获取所有 Sheet 对象
wb.sheetnames get_sheet_names()	返回所有 WorkSheet 的列表，类型为 list
sheet1 = sheets[i]	根据索引获取 Sheet
sheet1 = wb["sheetname"] get_sheet_by_name(name)	根据表格名称获取 Sheet
sheet = wb.active get_active_sheet()	获取当前选中的 Sheet
remove(worksheet)	删除 WorkSheet
wb.create_sheet("mysheet")	创建 WorkBook 对象 wb 后，在相应的 Excel 中创建一个 Sheet
ws.insert_rows(i)	在第 i 行前面插入一行
ws.insert_rows(i,n)	在第 i 行的 n 行之后插入空行

单元格主要包含 3 个元素：行、列和值。cell 函数用来获取指定单元格的值或设置单元格的值。该函数的调用格式如下：

```
cell(parent=sheet1,coordinate=None, row=None, column=None, value=None)
```

参数说明：

● parent：所属的工作表。

● coordinate：所在坐标，如"A1"。

● row：所在行，起始为 1。

● column：所在列，起始为 1。

● value：单元格的值。

cell 函数可以通过固定的行号和列号获取单元格中的值，也可以通过行号和列号修改单元格内的数据。

表 3-13　Cell 对象命令

命令名	说明
ws[column_name]=value cell(row=3,column=1,value=10)	为单元格赋值
cell(row, column).value	获取指定单元格的值，两个参数分别是行、列
workbook.remove('表单名')	移动表单
del_workbook['表单名']	删除表单
workbook.save('文件名')	保存工作簿
sheet.max_row	获取表单数据的总行数
sheet.max_column	获取表单数据的总列数
sheet.rows	按行获取所有的数据
sheet.columns	按列获取所有的数据

案例——读取并输出网店进销存账单数据

解： PyCharm 程序如下：

```python
# /usr/bin/env python3
# -*- coding: UTF-8 -*-
import openpyxl as op   # 导入 openpyxl 模块库
# 打开工作簿
wb = op.load_workbook('D:\\NewPython\\网店进销存账单.xlsx')
# 获取表单
sh = wb['Sheet1']
# 读取指定的单元格数据
res1 = sh.cell(row=1, column=1).value
print(res1)
# 获取最大行数
print('最大行数',sh.max_row)
# 获取最大列数
print('最大列数','sh.max_column')
# 按列读取所有数据，在每一列的单元格中放入一个元组中
print('所有数据',sh.columns)
# 按行读取所有数据，在每一行的单元格中放入一个元组中
rows = sh.rows
# 通过 for 循环以及 value 来查看单元格的值
for row in list(rows):   # 遍历每行数据
    case = []   # 用于存放一行数据
    for c in row:   # 把每行的每个单元格中的值取出来，存放到 case 里
        case.append(c.value)
    print(case)
```

运行结果如下：

```
网店进销存账单
最大行数 12
最大列数 sh.max_column
所有数据 <generator object Worksheet._cells_by_col at 0x000001A1BF1E7A00>
['网店进销存账单', None, None, None, None]
['销量对比', '1日', None, '2日', None]
[None, '入库', '出库', '入库', '出库']
['产品1', 5000, 4300, 4000, 5500]
['产品2', 2400, 2500, 6000, 6100]
['产品3', 3200, 3800, 3700, 3800]
['产品4', 6600, 5900, 4300, 2900]
['产品5', 4300, 5200, 6500, 5000]
['产品6', 5500, 6000, 3800, 2400]
['产品7', 6100, 3700, 5900, 3200]
['产品8', 3800, 2400, 5200, 6000]
['产品9', 2900, 3200, 2500, 4300]
```

3. Pandas 模块库

在 Pandas 中，使用 read_excel 函数读取 Excel 自带的 xls 文件或 xlsx 文件中的数据，该函数的调用格式如下：

```
pd.read_excel( io,
            sheet_name=0,
            header=0,
            names=None,
            index_col=None,
            squeeze=False,
            dtype=None,
            engine=None,
            converters=None,
            true_values=None,
            false_values=None,
            skiprows=None,
            nrows=None,
            na_values=None,
            keep_default_na=True,
            verbose=False,
            parse_dates=False,
            thousands=None,
            skipfooter=0,
            convert_float=True,
```

参数说明：

- io：文件路径。
- sheet_name：指定表格的第几个工作表，默认是第一个工作表，该参数可以传递整数也可以传递工作表的名称。当一个文件有多个工作表，并且 sheet_name 使用整数传递时，默认使用 0 表示第一个工作表（计算机语言都是从 0 开始计数的），所以若想读取第二个工作表，则应该赋值 1 而不是 2。
- header：是否需要将数据集的第一行用作表头。

- names：如果原数据集中没有变量，则可以通过该参数在读取数据时给数据框添加具体的表头。
- index_co1：将文件中的某一列或几列指定为 DataFrame 的 index，可以输入一个 int 或 int 构成的列表，后者表示创建 mult-index。还可以输入 None，表示不为 DataFrame 指定专门的 index。
- squeeze：如果数据中只有一列，或者函数的返回值只有一列，则默认返回 DataFrame。指定为 True 时，可以返回 Series。
- dtype：为 Sheet 中的各列指定数据类型。
- engine：指定解析数据时使用的引擎。支持的引擎包括 xlrd、openpyxl、odf、pyxlsb。
- converters：通过字典的形式，指定某些列需要转换成某种形式。
- true_values 和 false_values：将数据中某一列的所有值替换为 True 或 False。
- skiprows：读取数据时跳过的行。输入整数 n，表示前 n 行跳过；接收一个整数列表，会跳过列表中指定的行，还可以输入可调用对象。
- nrows：指定读取数据中的行数。
- na_values：指定原数据中哪些特殊值代表了缺失值。
- keep_default_na：该参数为 True 时，表示数据中如果包含下面的字符，将被定义为缺失值 NaN。
- verbose：当 verbose=False 时，不输出日志信息。
- parse_dates：该参数在函数内不再生效。
- throusands：指定原数据集中的千分位符。
- skipfooter：输入整数 n，表示不读取数据的最后 n 行。
- convert_float：默认将所有的数值型变量转换为浮点型变量。

read_excel 函数不仅可以从一个 Excel 文件中读取数据到 DataFrame 中，还支持包括 xls、xlsx、xlsm、xlsb、odf、ods 及 odt 等多种格式；不仅支持读取一个 Sheet 中的内容，而且支持读取多个 Sheet。

案例——显示银行账户记录表数据

图 3-4 所示的银行账户记录表包括两个工作表，分别为 2018 年、2019 年某单位员工银行账户记录。

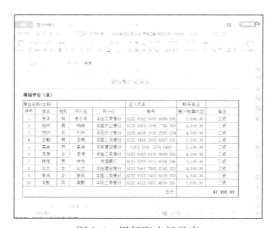

图 3-4　银行账户记录表

解：PyCharm 程序如下：

```python
# /usr/bin/env python3
# -*- coding: UTF-8 -*-
import numpy as np    # 导入 NumPy 模块库
import pandas as pd   # 导入 Pandas 模块库
import openpyxl       # 导入 openpyxl 模块
basestation='D:\\NewPython\\银行账户记录表.xlsx'   # 定义 Excel 文件路径
# 读取指定路径下的文件
# 将第一行用作表头，数据中的第一列是行索引
# 选中数据的对应列数作为索引
excel_data1=pd.read_excel(basestation,header=0,nrows=5,\
                    names=None,index_col=[0,1],sheet_name='2018 年')
# 读取表格 1
excel_data2=pd.read_excel(basestation,header=1,nrows=7, \
                    index_col=1,sheet_name='2019 年')   # 读取表格 2
print('*'*10,'导入银行账户记录表数据','*'*10)
print(excel_data1.where(excel_data1.notnull(),''))
print(excel_data2.where(excel_data2.notnull(),''))
```

运行结果如下：

```
********** 导入银行账户记录表数据 **********
          Unnamed: 2 Unnamed: 3 Unnamed: 4 | ...  Unnamed: 6 Unnamed: 7 Unnamed: 8
银行账户记录表                                     ...
填报单位（章）   NaN                              ...
单位名称(全称)  NaN                              ...            联系电话
序号        姓名         性别         开户名  ...         账户核算内容    备注
1         朱华         男          朱小华  中国工商银行 ...  5600      工资
2         杨林         男          杨林   中国农业银行 ...  4800      工资


[5 rows x 7 columns]
          填报单位（章） Unnamed: 2 Unnamed: 3 ...  Unnamed: 7 Unnamed: 8 Unnamed: 9
NaN       单位名称(全称)                          ...
                                            ...            联系电话
姓名        序号         性别         职务   ...         账户核算内容    备注
朱华        1          男          部门经理 ...  6400      工资
丁香        2          女          职员   ...  5100      工资
杨林        3          男          职员   ...  5500      工资
刘玲        4          女          职员   ...  5500      工资
高尚        5          男          主管   ...  6700      工资
```

4. PyExcel 模块

PyExcel 提供了一个应用程序编程接口以应用于各种 Excel 文件的读取、操作和写入数据。通过 pip 安装 PyExcel，在程序中使用模块库，还需要导入该模块，例如：

```python
import pyexcel as p   # 导入 PyExcel 模块
```

该模块库支持的文件格式包括 csv、tsv、csvz、tsvz、xls、xlsx、xlsm、ods、fods、json、html、simple、rst 等，专门用于 Excel 文件的读取器可以流读取。读取文件还需要在 PyCharm 中安装 pyexcel-xls、pyexcel-xlsbr、pyexcel-xlsx 等模块。

PyExcel 支持读取 xls 文件和 xlsx 文件中的数据，并提供了将其转换为不同格式的命令，如表 3-14 所示。

表 3-14　数据转换命令

命令名	说明
get_array(filename,sheet_name)	filename 为文件名称，sheet_name 为表格名称，将读取的数据转换为数组 Array
get_records(filename,sheet_name)	将读取的数据转换为列表，列表中的每条记录都是一个字典
get_dict(filename,sheet_name)	将读取的数据转换为一个有序的字典列表
get_book_dict(filename,sheet_name)	将 Excel 中的数据加载为一个有序的字典列表
save_as（array=data, dest_file_name="array_data.xls", dest_delimiter=","）	将数组和目标文件名传递给 dest_file_name 参数
save_book_as(bookdict=2d_array_dictionary, dest_file_name='2d_array_data.xls')	将二维字典变量传递给 bookdict 参数，其中，存储后的数据是无序的
data = OrderedDict() data.update({"sheet1": a_dictionary_of_two_ dimensional_arrays['sheet2']})	将字典变量传递给 Sheet，字典中的数据是有序的

案例——使用两种方法输出 2018 年利润统计数据

解： PyCharm 程序如下：

```
# /usr/bin/env python3
# -*- coding: UTF-8 -*-
import pyexcel as p    # 导入 pyexcel 模块库
# 将读取数据转换为数组 records
records = p.iget_records(file_name='D:\\NewPython\\2018年利润统计.xls')
```

方法 1：

```
for record in records:
    print("%s 的利润为 %d" % (record['月份'], record['月利润']))
```

运行结果如下：

```
月利润数据
1月 的利润为 563
2月 的利润为 755
3月 的利润为 641
4月 的利润为 578
5月 的利润为 512
6月 的利润为 489
7月 的利润为 412
8月 的利润为 359
9月 的利润为 421
10月 的利润为 498
11月 的利润为 556
12月 的利润为 998
```

Python 财务基础

方法 2：

```
# 输出 12 月利润数据
def in_ev(generator):
    for row in records:
     row['月利润']
     yield row
def du_ea(generator):
    for row in generator:
        yield row
io=p.isave_as(records=du_ea(in_ev(records)),\
    dest_file_type='csv',\
    dest_lineterminator='\n')
print("12 月利润数据")
print(io.getvalue())
```

运行结果如下：

```
12 月利润数据
月份,月利润
1 月,563
2 月,755
3 月,641
4 月,578
5 月,512
6 月,489
7 月,412
8 月,359
9 月,421
10 月,498
11 月,556
12 月,998
```

二、文本文件

txt、csv 文件能够实现简单的数据存储，是一个纯文本文件，常用于在程序之间转移表格数据，以兼容各类程序。

对于中文的文本文件，通常会出现因编码的问题而读取失败，解决办法有以下两种。

（1）当原始的 txt、csv 文件的数据不是 uft-8 格式时，需要另存为 utf-8 格式编码。

（2）如果原始的数据文件就是 uft-8 格式，为了正常读入，需要将 read_csv 函数的参数 encoding 设置为 utf-8。

1. read_csv 函数

在 Pandas 中，read_csv 函数可用于从文件、URL、文件型对象中加载带分隔符的数据，默认分隔符为逗号。该函数的调用格式如下：

```
pd.read_csv(filepath_or_buffer,sep=',',
            delimiter=None,
            header='infer',
            names=None,
            index_col=None,
            usecols=None,
            squeeze=False,
            prefix=None,
            mangle_dupe_cols=True,
            dtype=None,
            engine=None,
            converters=None,
            true_values=None,
            false_values=None,
            skipinitialspace=False,
            skiprows=None,
            nrows=None)
```

部分参数说明：
- filepath_or_buffer：读取的文件路径、URL（包含 http、ftp、s3）链接等。
- sep：指定分隔符，默认使用逗号分隔。当分隔符多于一个字符并且不是"\s+"时，将使用 Python 的语法分析器，并且忽略数据中的逗号。在正则表达式中，\s 匹配任何空白字符，包括空格、制表符、换页符等，等价于[\f\n\r\t\v]。
- header：指定某一行或某几行作为列名，数据开始行数。如果文件中没有列名，则默认为 0，否则设置为 None。如果 header=0，则替换掉原来存在的列名。header 参数可以是一个列表，如[0,1,3]，表示将文件中的这些行作为列标题（每一列有多个标题）。
- index_col：读取文件之后所得到的 DataFrame 的索引默认是 0、1、2…，可以通过 set_index 设定索引，也可以在读取的时候就指定某列为索引。
- usecols：指定读取的列。
- prefix：在没有列标题时，给列添加前缀。例如，添加'X'成为 X0，X1，…
- mangle_dupe_cols：重复的列，将'X'…'X'表示为'X.0'…'X.n'。如果设定为 False 则会将所有重名列覆盖。
- skipinitialspace：是否忽略分隔符后的空白（默认为 False，即不忽略）。
- skiprows：需要忽略的行数（从文件开始处算起）或需要跳过的行号列表（从 0 开始）。
- nrows：需要读取的行数（从文件开始处算起）。

Python 财务基础

案例——导入汽水产量数据 csv 文件

解： PyCharm 程序如下：

```
# /usr/bin/env python3
# -*- coding: UTF-8 -*-
import pandas as pd   # 导入 Pandas 模块库
file ='D:\\NewPython\\汽水产量数据.csv'  # 定义文件路径
# 读取指定路径下的 csv 文件，读取表格型的文本数据
csv_data1 = pd.read_csv(file,encoding='gbk',index_col=u'日期')
print('*'*10,'汽水产量数据','*'*10)
print('*'*10,'pandas 读取 CSV 数据','*'*10)
print(csv_data1.head())
```

运行结果如下：

```
********** 汽水产量数据 **********
********** pandas读取CSV数据 **********
          Unnamed: 0  累计增长(%)  当月产量(万千升)  累计产量(万千升)  当月同比增长(%)
日期
2021年11月           1      5.4        71.5        632.4          0.3
2021年10月           2      5.5        59.2        558.2         -0.2
2021年09月           3      6.5        56.9        501.2         -4.7
2021年08月           4      7.7        39.8        445.5           -2
2021年07月           5      9.2          41        407.6         -4.4
```

2. from_csv 函数

PrettyTable 不仅支持手动按行按列添加数据，也支持直接从 csv 文件中读取数据。与读取 Excel 文件中的数据不同，读取 csv 文件中的数据需要使用 open 函数打开 csv 文件，再使用 from_csv 函数读取打开的 csv 文件中的数据。该函数的调用格式如下：

```
from_csv(path)
```

其中，path 表示字符串文件路径或文件句柄。

案例——获取汽水产量数据 CSV 文件

解： PyCharm 程序如下：

```
# /usr/bin/env python3
# -*- coding: UTF-8 -*-
# 导入 PrettyTable 模块库
from prettytable import PrettyTable
from prettytable import from_csv
table = PrettyTable()   # 创建空白表格
file ='D:\\NewPython\\汽水产量数据.csv'  # 定义文件路径
# 读取指定路径下的 csv 文件，读取表格型的文本数据
print('*'*10,'汽水产量数据','*'*10)
data = open(file,"r")
table = from_csv(data,index_col=u'日期')
```

```
print('*'*10,'PrettyTable 读取 CSV 数据','*'*10)
print(table[0:5])
```

运行结果如下：

```
********** 汽水产量数据 **********
********** PrettyTable读取CSV数据 **********
+------------+------------+------------+--------------+--------------+--------------+
| Unnamed: 0 |    日期    | 累计增长(%) | 当月产量(万千升) | 累计产量(万千升) | 当月同比增长(%) |
+------------+------------+------------+--------------+--------------+--------------+
|     1      | 2021年11月 |    5.4     |     71.5     |    632.4     |     0.3      |
|     2      | 2021年10月 |    5.5     |     59.2     |    558.2     |     -0.2     |
|     3      | 2021年09月 |    6.5     |     56.9     |    501.2     |     -4.7     |
|     4      | 2021年08月 |    7.7     |     39.8     |    445.5     |      -2      |
|     5      | 2021年07月 |    9.2     |      41      |    407.6     |     -4.4     |
+------------+------------+------------+--------------+--------------+--------------+
```

三、数据集文件

Python 中的大型数据集包括 SAS 数据集、Stata 数据集、SPSS 数据集等，下面主要介绍前两种数据集。

1. SAS 数据集

SAS 数据集包含以表的观测（行）和变量（列）为形式存在的数据值，以及用于描述变量类型、长度和创建该数据集时所使用的引擎等信息的描述信息。在 Python 中，pandas.read_sas 函数可以读取 SAS 数据集。

案例——读取租赁筹资模拟运算 SAS 数据集

解： PyCharm 程序如下：

```python
# /usr/bin/env python3
# -*- coding: UTF-8 -*-
import pandas as pd   # 导入 Pandas 模块库
files1 ='D:\\NewPython\\租赁筹资模拟运算.sas7bdat'  # 定义文件路径
# 读取指定路径下的 csv 文件，读取表格型的文本数据
sas_data = pd.read_sas(files1,encoding='gbk')
print('读取 SAS 数据集',sas_data,sep='\n')
```

运行结果如下：

```
读取SAS数据集
           V1            V2
0       租赁项目    HH公寓F16-F18
1      租金（元）       4800000
2    租赁年限（年）          10.
3        年利率        0.0515
4     租金支付方式           期初
5      年付款期数           1.
6      总付款期数          10.
7   每期应付租金（元）    -595490.43
8   实际总付租金（元）   -5954904.28
```

2. Stata 数据集

pandas.read_stata 函数可以读取 Stata 数据集。该函数的调用格式如下：

```
pandas.read_stata(filepath_or_buffer,
                  convert_dates=True,
                  convert_categoricals=True,
                  index_col=None,
                  convert_missing=False,
                  preserve_dtypes=True,
                  columns=None,
                  order_categoricals=True,
                  chunksize=None,
                  iterator=False)
```

参数说明：

- filepath_or_buffer：字符串路径都是可以接受的。
- convert_dates：将日期变量转换为 DataFrame 时间值。
- convert_categoricals：读取值标签并将列转换为分类/因子变量。
- index_col：设置为索引的列。
- convert_missing：指示是否将缺失值转换为其 Stata 表示形式的标志。
- preserve_dtypes：保留 Stata 数据类型。如果其值为 False，则数字数据将转换为外来数据（float64 或 int64）的 Pandas 默认类型。
- columns：指定需要返回的列，默认情况下返回所有列。
- order_categoricals：控制是否需要对分类数据进行排序。
- chunksize：返回用于迭代的 StataReader 对象。
- iterator：控制是否返回 StataReader 对象。

案例——读取租赁筹资模拟运算 Stata 数据集

解： PyCharm 程序如下：

```
# /usr/bin/env python3
# -*- coding: UTF-8 -*-
import pandas as pd   # 导入 Pandas 模块库
stata_files ='D:\\NewPython\\租赁筹资模拟运算.dta'  # 定义文件路径
# 读取指定路径下的 csv 文件，读取表格型的文本数据
stata_data = pd.read_stata(stata_files)
print('读取 Stata 数据集',stata_data,sep='\n')
```

运行结果如下：

读取Stata数据集

```
                    V1                 V2
0           ×âÁÞÏîÄ¿    HH¹«Ô¢F16-F18
1         ×â½ð£¨Ô°£®          4800000
2      ×âÁÞÄêÏÞ£¨Äê£®              10.
3           ÄêÀûÂÊ           0.0515
4      ×â½ð§¦¶·×Ê½          ÆÚ³ õ
5       Äê¶¶¿îÆÚÊý              1.
6      ×Ü¶¿îÆÚÊý             10.
7  Ã¿ÆÚÓ¦¶×â½ð£¨Ô°£®      -595490.43
8  Êµ%Ê×Ü¶×â½ð£¨Ô°£®      -5954904.28
```

利用 Python 读取 Stata 数据集，容易出现中文乱码，可以使用 encode 函数和 decode 函数定义编码字体。

```python
# 迭代输出数据
index=0
for index in stata_data['V1'].index:
    print(stata_data['V1'][index].encode('latin-1').decode('gbk'))
for index in stata_data['V2'].index:
    print(stata_data['V2'][index].encode('latin-1').decode('gbk'))
```

运行结果如下：

```
租赁项目
租金（元）
租赁年限（年）
年利率
租金支付方式
年付款期数
总付款期数
每期应付租金（元）
实际总付租金（元）
HH公寓F16-F18
4800000
10.
0.0515
期初
1.
10.
-595490.43
-5954904.28
```

任务三 // 通过检索获取财务数据

任务引入

小明已经掌握了从 Excel 工作簿文件、txt 文件、csv 文件等文件中导入数据。那么，还有哪些方法可以进行数据采集呢？小明该如何采集数据呢？

知识准备

检索只是输出需要的数据源数据，不能对数据源进行更改，所以该方式对数据源本身具有保护作用；又由于其与数据源之间建立了连接，获得的财务数据可以随着数据源的更新而更新，这样就保证了所获得的财务信息的及时性。因此，该方法在财务分析、会计报表、财务审计等方面具有其他两种取数方式不可替代的作用。

通过检索获取财务数据，根据数据源的不同又可分为从数据库中检索和从网页中检索。对实行会计电算化的企业而言，其财务数据绝大多数都是以数据库的形式存储的，实现与数据库之间的链接，从而对获得财务数据显得尤为重要。

一、数据库检索

MySQL 数据库是一个中小型关系型数据库管理系统。MySQL 数据库的主要应用范围：互联网领域、大中小型网站、游戏公司、电商平台等。

1. MySQL 下载

（1）打开 MySQL 官方下载界面，选择"Windows(x86,64-bit),ZIP Archive"，即适合 64 位操作系统的安装文件。

（2）单击"Download"按钮，进入开始下载界面，单击"No thanks,just start my download"按钮，开始下载。

2. 创建配置文件

（1）将下载后的 MySQL 安装文件解压到指定目录 D:\Python\mysql，在该安装文件中新建文档 my.ini。my.ini 是 MySQL 默认使用的配置文件，一般情况下，只要修改 my.ini 配置文件中的内容就可以对 MySQL 进行配置。

（2）用记事本打开 my.ini 文件，输入 MySQL 的各项配置参数，包含 MySQL 服务器的端口号、MySQL 的安装位置、MySQL 数据库文件的存储位置及 MySQL 数据库的编码配置等。具体内容如下：

```
[mysqld]
# 设置数据库的服务器端口，默认为 3306
port=3306
#设置 MySQL 的安装目录
basedir=D:\Python\mysql
#设置 MySQL 数据库的数据存放目录，系统会自动建立此目录
datadir=D:\Python\mysql\data
#允许最大连接数
max_connections=200
#允许连接失败的次数
max_connect_errors=10
#服务端使用的字符集默认为 utf8mb4
character-set-server=utf8mb4
#创建新表时将使用的默认存储引擎
default-storage-engine=INNODB
```

3．初始化 MySQL 数据库

（1）选择"开始"→"Windows 系统"选项，右击"命令提示符"选项，在弹出的快捷菜单中选择"以管理员身份运行"选项，打开"管理员：命令提示符"窗口。

（2）在窗口中输入盘符"D:"，按〈Enter〉键，进入 D 盘根目录，输入以下代码：

```
cd D:\Python\mysql\bin
```

进入 D 盘的 MySQL 系统 bin 目录，执行 mysqld 数据库初始化命令，语法如下：

```
mysqld --initialize --console
```

执行完成后，会打印 root 用户的初始默认密码，如图 3-5 所示。"root@localhost"后面的"Q#Axw?P,B1jd"即初始密码，需要记录下来，后面第一次登录时需要使用该初始密码。

图 3-5　初始化 MySQL 数据库

4. 安装 MySQL 服务

执行 mysqld 命令安装，语法如下：

```
mysqld - install[服务名]
```

运行结果如图 3-6 所示。

图 3-6　安装 MySQL 服务

5. 新增 MySQL 的环境变量

（1）在桌面上右击"此电脑"图标，在弹出的快捷菜单中选择"属性"选项，打开"系统"界面，单击"高级系统设置"选项，打开"系统属性"对话框，在如图 3-7 所示的"高级"选项卡中单击"环境变量"按钮，打开"环境变量"对话框，单击"系统变量"列表框下的"新建"按钮，打开"新建系统变量"对话框，输入变量名为"MYSQL_HOME"，变量值为"D:\Python\mysql"（安装文件所在的位置），单击"确定"按钮，即可新增系统变量，如图 3-8 所示。

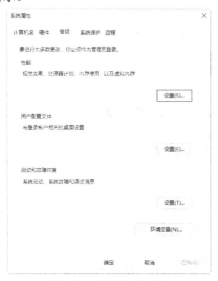

图 3-7　"高级"选项卡

图 3-8　新增系统变量

（2）选择 Path 变量，单击"编辑"按钮，打开"编辑环境变量"对话框，单击"新建"按钮，添加"%MYSQL_HOME%\bin"，如图 3-9 所示，连续单击"确定"按钮，完成环境变量的添加和编辑。

图 3-9　"编辑环境变量"对话框

----- 提示

　　如果不知道环境变量是否设置成功，可以在命令提示符窗口中输入"mysql amin –V"，如果出现 MySQL 的版本信息，则说明环境变量设置成功。

二、MySQL 服务器的启动和停止

1. **启动 MySQL 服务器**

语法如下：

```
net start mysql
```

2. **停止 MySQL 服务器**

语法如下：

```
net stop 服务器
```

3. **登录 MySQL**

语法如下：

```
mysql -u root -p
```

系统提示输入密码，这里输入初始化数据库时产生的随机密码"Q#Axw?P,B1jd"。
登录成功后进入 MySQL 初始界面，会出现"Welcome to the MySQL monitor"欢迎语。

4. 密码修改

（1）在命令提示符窗口中输入"set password for root@localhost='root';"，按〈Enter〉键，修改密码为"root"。

（2）输入"exit"，按〈Enter〉键，退出 MySQL。

（3）输入登录 MySQL 的命令和密码"mysql -u root -proot"，按〈Enter〉键，重新登录。运行结果如图 3-10 所示。

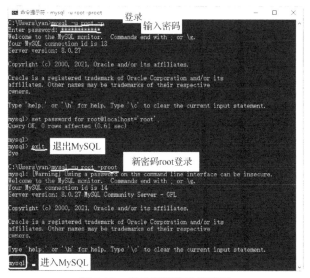

图 3-10　修改密码并重新登录

5. Python 与 MySQL 连接

使用 Python 连接 MySQL 数据库，需要使用 pymysql 模块，按照前面的方法进行下载、安装、导入。语法如下：

```
import pymysql  # 导入 pymysql 模块
```

在 pymysql 中，使用 Connection 函数连接 Python 与 MySQL。该函数的调用格式如下：

```
pymysql.Connection(self, host=None,
              user=None,
              password=",
              database=None,
              port=0,
              unix_socket=None,
              charset='',
              sql_mode=None,
              use_unicode=None,
              **kwargs)
```

参数说明：

● host：要连接的主机地址。

- user：MySQL 数据库用户名。
- password：MySQL 数据库的登录密码。
- database：要连接的数据库，None 表示不使用特定的数据库。
- port：要使用的 MySQL 端口（默认值为 3306）。
- unix_socket：通信方式可以选择使用 UNIX Socket 而不是 TCP/IP。
- charset：字符编码。
- sql_mode：默认使用的 SQL 模式。
- use_unicode：是否默认为 Unicode 字符串。
- **kwargs：表示多组关键词。

在 pymysql 中，close 函数表示发送退出消息并关闭 Python 与 MySQL 的连接端口。

案例——读取工厂 11 月工人工资数据库数据

读取工厂 11 月工人工资数据库数据的步骤如下。

（1）进入 MySQL。

打开"管理员：命令提示符"窗口，输入登录 MySQL 的命令和密码。

```
mysql -u root -proot
```

按〈Enter〉键，登录 MySQL，显示 MySQL 命令提示符。

（2）创建数据库。

在 MySQL 命令提示符下，使用 CREATE DATABASE 命令，创建 bak 数据库。

```
CREATE DATABASE bak;
```

----- 提示 -----

如果数据库已经存在，则再次创建会报错，如图 3-11 所示，可以使用 DROP DATABASE 命令删除数据库。

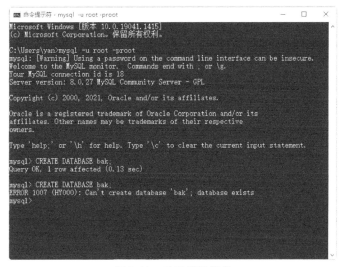

图 3-11　显示错误信息

在 MySQL 命令提示符下，使用 use 命令启用 bak 数据库。

```
use bak;
```

（3）SQL 文件的导入与查询。

在 MySQL 命令提示符下，使用 source 命令，导入 factory_bak.sql 文件。

```
source D:/NewPython/factory_bak.sql;
```

在 MySQL 命令提示符下，显示导入的表。

```
show tables;
```

在 MySQL 命令提示符下，列出表格数据。

```
select * from worker limit 5;
```

运行如果如图 3-12 所示。

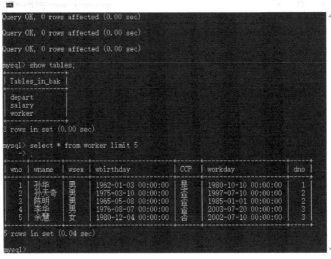

图 3-12　导入 SQL 文件

（4）在 Python 中读取 SQL 数据。

解：PyCharm 程序如下：

```
# /usr/bin/env python3
# -*- coding: UTF-8 -*-
import pandas as pd    # 导入 Pandas 模块库
import pymysql    # 导入 pymysql 模块
#使用 Connection 函数连接 Python 与 MySQL
# 用户名为 root，密码为 root，数据库为 bak
conn=pymysql.Connection(host='localhost',user='root',\
                    password='root',port=3306,\
                database='bak',charset='gbk')
sql='select*from bak.worker'    # 定义查询的表 worker
# 读取表 worker 中的数据
```

```
data=pd.read_sql(sql,con=conn)
conn.close()   # 关闭 Python 与 MySQL
print(data.head())    # 输出数据库数据的前 5 行
```

运行结果如下：

```
   wno wname wsex  wbirthday CCP   workday  dno
0    1   孙华    男 1962-01-03  是 1980-10-10    1
1    2  孙天奇    男 1975-03-10  否 1997-07-10    2
2    3   陈明    男 1965-05-08  否 1985-01-01    2
3    4   李华    男 1976-08-07  否 2003-07-20    3
4    5   余慧    女 1980-12-04  否 2002-07-10    3
```

三、网络爬虫

数据最常见的采集方式是通过网络搜索，如使用特定的搜索指令快速获取个体化数据，这类可搜索到的数据属于主动公开的范畴。

常见的各种浏览器中有很多表格，若想对指定网站中的表格进行数据整理汇总、筛选，或者处理分析，则需要将网页表格数据 HTML 文件存储在分布于世界各地的服务器上，用户可以通过传输协议远程获取这些文件所传达的资讯和信息。

HTML 文件是可以被多种网页浏览器读取和传递的文件。

HTML 文档由嵌套的 HTML 元素构成，HTML 元素使用 HTML 标签表示，标签由标签名称与尖括号构成，如<p>。一般情况下，一个元素由一对标签表示，即开始标签（如<p>）与结束标签（如</p>）。元素含有的文本内容，就被放置在这些标签之间。

网页的表格数据主要是在<table>标签中实现的网页表格数据，table 类型的表格网页结构大致如下：

```
<table class="..."id="...">
   <thead>
   <tx>
   <th>...</th>
   </tx>
   </thead>
   <tbody>
      <tr>
         <td>...</td>
      </tx>
      <tr>...</tr>
      <tr>...</tr>
      <tr>...</tr>
      <tr>...</tr>
      ...
      <tr>...</tr>
```

```
        <tr>...</tr>
        <tr>...</tr>
        <tr>...</tr>
    </tbody>
</table>
```

上面出现的几种标签的含义如下：

- <table>：定义表格。
- <thead>：定义表格的页眉。
- <tbody>：定义表格的主体。
- <tr>：定义表格的行。
- <th>：定义表格的表头。
- <td>：定义表格单元。

使用 Pandas 的 read_html 函数可以读取标签中的内容。该函数的调用格式如下：

```
pandas.read_html(io, match='.+',
                 flavor=None,
                 header=None,
                 index_col=None,
                 skiprows=None,
                 attrs=None,
                 parse_dates=False,
                 tupleize_cols=None,
                 thousands=', ',
                 encoding=None,
                 decimal='.',
                 converters=None,
                 na_values=None,
                 keep_default_na=True,
                 displayed_only=True)
```

部分参数说明：

- io：URL、HTML 文本、本地文件等。
- flavor：解析器。
- header：标题行。
- skiprows：跳过的行。
- attrs：属性字典，如 attrs = {'id': 'table'}。
- parse_dates：解析日期。

案例——爬取巨潮资讯的股票数据

巨潮资讯网的界面如图 3-13 所示，请获取其中的数据。

图 3-13 巨潮资讯网的界面

解: PyCharm 程序如下:

```
# /usr/bin/env python3
# -*- coding: UTF-8 -*-
import pandas as pd
df0 = pd.read_html(\
    "http://www.cninfo.com.cn/new/index",\
    encoding='utf-8', header=0)[0]
print(df0)
df2 = pd.read_html(\
    "http://www.cninfo.com.cn/new/index",\
    encoding='utf-8', header=0)[2]
print(df2)
```

运行结果如图 3-14 所示。

	代码	简称	公告标题	日期
0	300158	振东制药	关于公司药品通过仿制药一致性评价的公告	01-14
1	2875	安奈儿	关于全资子公司对外投资暨购买资产存在不确定性的风险提示性公告	01-14
2	300678	中科信息	关于收到政府补助的公告	01-14
3	2223	鱼跃医疗	关于暂缓对参股公司增资暨交易进展的公告	01-14
4	537	广宇发展	2022-008-关于2022年第一次临时股东大会通知的补正公告	01-14
5	2432	九安医疗	关于公司美国子公司签订日常经营重大合同的公告	01-14
6	300093	金刚玻璃	关于子公司对外投资进展的公告	01-14
7	300753	爱朋医疗	关于理财产品到期赎回及继续使用闲置资金购买理财产品的进展公告	01-14
8	600600	青岛啤酒	青岛啤酒股份有限公司2021年年度业绩预增公告	01-14
9	603122	合富中国	合富中国首次公开发行股票投资风险特别公告（第二次）	01-14
10	600303	曙光股份	曙光股份关于北京卓信大华资产评估有限公司解除合同并撤回评估报告的公告	01-14
11	2179	中航光电	关于公司A股限制性股票激励计划（第二期）第一个解锁期解锁股份上市流通的公告	01-14

	代码	简称	期限/原因	停/复
0	516	国际医学	停牌1天	停
1	528	柳工	停牌	停
2	160105	南方积配LOF	停牌1小时	停

图 3-14 巨潮资讯的股票数据

> **提示**
>
> lxml 是处理 XML 和 HTML 的模块库, 执行与 HTML 文档相关的操作, 需要在 PyCharm 中安装该模块库。

任务四 // 财务数据保存

任务引入

小明需要根据当日具体业务逐笔登记银行存款的收支额, 每日更新保存。那么, 在 Python 中, 如何保存数据呢？

知识准备

财务报表是有效期比较长的数据, 为了避免每次使用时反复下载, 可以将数据存储到本地。其存储方式可分为以文件的方式存储和以数据库的方式存储。由于数据量不大, 直接存为 csv 文件就可以了。

一、保存到 Excel 文件

在 Pandas 中, 从文件中读取的数据, 以 DataFrame 或 Seral 格式保存在内存中, to_excel 函数可以将数据保存为 xls 或 xlsx 文件。该函数的调用格式如下:

```
to_excel(self,
        excel_writer,
        sheet_name='Sheet1',
        na_rep='",
        float_format=None,
        columns=None,
        header=True,
        index=True,
        index_label=None,
        startrow=0,
        startcol=0,
        engine=None,
        merge_cells=True,
        encoding=None,
        inf_rep='inf',
```

```
        verbose=True,
        freeze_panes=None)
```

参数说明：

- excel_writer：输出路径。
- sheet_name：将数据存储在 Excel 的 Sheet 页面中。
- na_rep：缺失值填充。
- float_format：选择输出的列。
- columns：指定要写入的列。
- header：默认为 True，可以用 list 命名列的名字，当 header＝False 时，则不输出表头。
- index：默认为 True，显示 index，当 index=False 时，则不显示行索引（名字）。
- index_label：设置索引列的列名。
- starrow：默认值为 0，将 DataFrame 的左上方的单元格行数据转存为数据帧。
- startcol：将左上方的单元格数据转存为数据帧。
- engine：用于指定要写入的引擎，openpyxl 或 xlsxwriter。
- merge_cells：默认为 True，合并单元格。
- encoding：设置编码名称，Python 的默认编码为 utf-8，csv 文件的默认编码为 GBK，导入 csv 文件时，需要设置编码格式，否则会提示错误。
- inf_rep：无穷大。
- verbose：默认值为 True，表示在错误日志中显示更多信息。
- freeze-Pomes：整数的元组（长度为 2），默认为 Nore。

案例——爬取商务贸易类的股票数据

中商情报网中商务贸易类的股票如图 3-15 所示，将其数据保存为"A 股排行榜.xlsx"。

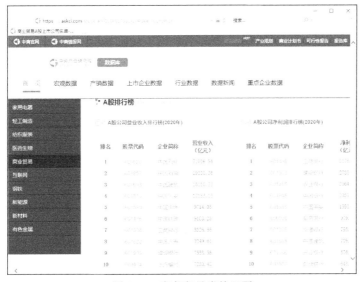

图 3-15　商务贸易类的股票

解：PyCharm 程序如下：

```
# /usr/bin/env python3
# -*- coding: UTF-8 -*-
import pandas as pd
df = pd.read_html(\
    "https://s.askci.com/stock/a/ci0000001530-0?#QueryCondition", \
            encoding='utf-8', header=0)[0]
df.to_excel('D:\\NewPython\\A股排行榜.xlsx', index=False)
```

运行结果如图 3-16 所示。

图 3-16　A 股排行榜

PrettyTable 适用于显示表格型数据，它提供了一个 read_*方法用于读取数据，与之对应的 to_*方法用于存储数据。

二、保存到 csv 文件

csv 文件能够实现简单的数据存储，是一个纯文本文件，最广泛的应用是在程序之间转移表格数据，能够兼容各类程序。DataFrame.to_csv 函数可以将数据保存为 csv 或 txt 文件。

案例——读取全年项目收入图表，将数据旋转后并保存到 csv 文件中

解：PyCharm 程序如下：

```
# /usr/bin/env python3
# -*- coding: UTF-8 -*-
import numpy as np    # 导入 NumPy 模块库
Import pandas as pd    # 导入 Pandas 模块库
import openpyxl    # 导入 openpyxl 模块库
# 读取 xlsx 文件
data = pd.read_excel('D:\\NewPython\\全年项目收入图表.xlsx')
print('读取 EXCEL 文件',data,sep='\n')    # 数据行列转置
```

```
data =data.T    # 数据行列转置
data.to_csv('D:\\NewPython\\全年项目收入图表.csv')
csv_data = pd.read_csv('D:\\NewPython\\全年项目收入图表.csv')
print('读取 CSV 文件',csv_data,sep='\n')    # 数据行列转置
```

运行结果如下：

读取EXCEL文件

	一月	二月	三月	四月	五月	六月	七月	八月	九月	十月	十一月	十二月	合计
0	89	135	100	150	88	75	120	180	150	90	188	200	1565
1	129	80	172	92	102	95	100	130	99	110	160	240	1509
2	150	220	200	250	180	202	150	176	180	200	130	180	2218
3	50	80	76	49	55	84	90	87	65	35	68	101	840
4	418	515	548	541	425	456	460	573	494	435	546	721	6132

读取CSV文件

	Unnamed: 0	0	1	2	3	4
0	一月	89	129	150	50	418
1	二月	135	80	220	80	515
2	三月	100	172	200	76	548
3	四月	150	92	250	49	541
4	五月	88	102	180	55	425
5	六月	75	95	202	84	456
6	七月	120	100	150	90	460
7	八月	180	130	176	87	573
8	九月	150	99	180	65	494
9	十月	90	110	200	35	435
10	十一月	188	160	130	68	546
11	十二月	200	240	180	101	721
12	合计	1565	1509	2218	840	6132

任务五 // 格式化 Excel 工作表

任务引入

临近年底，作为会计的小白需要制作公司年度报表。财务报表处理是一项重要而烦琐的事务。在人工记账时代，会计人员每天会花费很多时间整理票据、记账。现在，通过 Excel 强大的功能可以大大提高会计的工作效率。一张优秀的工作表不但要求数据处理得合理准确，而且要求工作表格式清晰、内容整齐、样式美观，便于理解和查看。因此，格式化工作表是制作工作表不可或缺的步骤。

知识准备

Python 提供了设置 Excel 工作表的格式函数，包括设置工作表的输入格式、对齐方式、边框、行高和列宽等，通过 Python 模块库，能够轻松设置表格格式。

一、设置单元格格式

openpyxl 中的 styles 模块是调整单元格字体的函数，使用类函数来设置单元格的属性。

1. 设置单元格字体类

Font 类可设置字体、字号大小、字体颜色、下画线、加粗等。Font 为 openpyxl.styles 库内的类，使用前应先从库中导入该类，导入代码如下：

```
from openpyxl.styles import Font
```

Font 的使用格式如下：

```
font = Font(name='Arial',
            sz=20,
            b=True,
            i=True,
            underline='single',
            strike='double',
            color=colors.BLACK,
        **kwargs)
```

参数说明：
- name：字体名称。
- sz：字体字号。
- b：字体加粗。
- i：字体倾斜。
- underline：字体下画线。
- strike：删除线。
- color：字体颜色。

设置字体颜色时，可以从 openpyxl.styles 库中导入颜色类 color 或颜色模块 colors，导入代码如下：

```
from openpyxl.styles import colors, color
```

颜色类、颜色模块需要不同的参数设置方法，例如：

```
# 使用颜色类
color=Color(indexed=32)
color=Color(theme=3, tint=0.6)
# 使用颜色模块 colors
# 需要导入每个颜色后才可以使用，不建议使用此种方法
from openpyxl.styles.colors import RED
color=colors.RED
```

行、列对象虽然能为整行或整列设置 Font，但只要有单元格写入操作，通过整行、整列设置的格式会丢失，因此建议用单元格的 Font 属性进行设置。

使用颜色类 Color 设置字体颜色时，常用的颜色如表 3-15 所示。

表 3-15 颜色类参数

颜色	参数	颜色	参数
黑色	ColorIndex =1	褐色	ColorIndex =53
深红色	ColorIndex =9	橙色	ColorIndex =46
红色	ColorIndex =3	浅橙色	ColorIndex =45
粉红色	ColorIndex =7	金色	ColorIndex =44
玫现瑰红色	ColorIndex =38	茶色	ColorIndex =40
深青色	ColorIndex =49	深蓝色	ColorIndex=11
青色	ColorIndex =14	蓝色	ColorIndex =5
水绿色	ColorIndex =42	藏蓝色	ColorIndex =41
青绿色	ColorIndex =8	天蓝色	ColorIndex =33
浅青绿色	ColorIndex =34	淡蓝色	ColorIndex=37

2. 设置单元格位置类

在 Excel 中新建一个工作簿时，单元格中的数据默认为文本自动左对齐，数字自动右对齐。在实际工作中，用户可以根据需要使用 Alignment 类设定单元格中文本和数字的对齐格式，使用前先从 ipenpyxl.styles 库中导入该类：

```
from openpyx1.styles import Alignment
```

openpyxl.styles 库中的类 Alignment 用于设置表格对齐，Alignment 类有左对齐、居中、右对齐、跨列对齐等。此类的调用格式如下：

```
alignment=Alignment (horizontal=self. horizontal_alignment,
                     vertical=self. vertica1alignment,
                     wrap_text=self. wrap_text,
                     shrink_to_fit=self. shrink_to_fit,
                     indent=self. indent,
                     text_rotation=self. text_rotation)
```

参数说明：
- horizontal：单元格水平对齐方式。
- vertical：单元格垂直对齐方式。
- wrap_text：单元格文字自动换行。
- shrink_to_fit：单元格自适应宽度。
- indent：单元格缩进。
- text_rotation：单元格内文本旋转角度。

openpyxl.styles 库还有设置单元格边框、填充及保护的类，均需提前导入，设置边框时，还有设置线条为实线、虚线、双线的线条样式的类。

```
from openpyxl.styles import border        # 设置单元格边框类
from openpyxl.styles import PatternFill   # 设置单元格填充类型类
from openpyxl.styles import Side          # 线条样式设置类
```

3. 设置单元格边框类

在 Excel 中，每个单元格都由围绕单元格的灰色网格线标识，但是在打印的时候，这些网络线是不会出现的。如果希望在打印时也能清楚地区分每个单元格，则可以为单元格或单元格区域增加边框。

border 函数用于设置单元格边框。此函数的调用格式如下：

```
border (left=side,right=side,top=side,bottom=side,
        **kwargs)
```

参数说明：

● top：设置最上面的单元格的上边框线。

● **kwargs：多个关键字参数。

单元格的边框包含 4 条边框线，Side 函数用于设置边框线样式。此函数的调用格式如下：

```
Side (border_style=self.border_type,color=utils.colors.black.)
```

参数说明：

● border_style：设置边框线样式。

● color：边框线颜色，可以使用 6 位十六进制颜色代码，#FFFFFF 是白色，#000000 是黑色，#FF0000 是红色，#00FF00 是绿色，#0000FF 是蓝色。

4. 设置单元格填充类

PatternFill 函数用于设置单元格填充类型。此函数的调用格式如下：

```
PatternFill(patternType,
        fgColor=colors.RED,
        bgColor=colors.GREEN
        **kwargs)
```

参数说明：

● fgColor：设置填充的前景色。

● bgColor：设置填充的背景色。

● **kwargs：多个关键字参数，常用的参数包括 fill_type（填充样式），可选值为 darkDown、darkGray、darkGrid、darkHorizontal、darkTrellis、darkUp、darkVertical、gray0625、gray125、lightDown、lightGray、lightGrid、lightHorizontal、lightTrellis、lightUp、lightVertical、mediumGray、solid。

5. 设置单元格数据格式类

数据格式属性 number_format 的值是字符串类型，openpyxl 内置了一些数据格式，也支持 Excel 自定义格式，可以使用以下两种方式设置。

```
#使用 openpyxL 内置的格式
ws.cell().number format=numbers.FORMAT DATE XLSX15
#使用字符串
ws.cell['D2'].number_format='General'
ws.cell().number_format='d-mmm-yy'
```

6. 设置单元格保护类

如果某个单元格中有重要数据，不希望被其他人修改或查看，则可以对该单元格实施保护。Protection 类用于保护数据，需提前导入该类。

```
from openpyxl.styles import protection
```

根据需要设置单元格的保护方式：锁定和隐藏。

- 锁定（locked）：锁定单元格，使之不可编辑，可以有效地防止别人随便改动其中的数据。
- 隐藏（hidden）：隐藏工作表中的一部分内容，这部分内容在打印时也不会被打印出来。这种方法还可以用于整理工作表，将表中的一些空行或空列隐藏起来，使表格看起来更加紧凑。

> **提示**
>
> 只有保护工作表后，锁定单元格或隐藏公式才有效。

二、页面设置

在 Excel 工作表的管理流程中，通常要将制作好的工作表打印出来，分发给其他用户查看或签字。

1. 设置行高和列宽

如果 Excel 工作表默认的行高和列宽不符合需要，用户可以调整单元格的行高与列宽。在 openpyxl 库中设置行高和列宽时，需要获取行、列对象，再直接给属性赋值。

工作表的 row_dimensions 和 column_dimensions 是像字典一样的值，row_ dimensions 包含 RowDimension 对象，column_dimensions 包含 ColumnDimension 对象。在 row_dimensions 中，可以用行的编号来访问一个对象。在 column_dimensions 中，可以用列的字母来访问一个对象。例如：

```
from openpyxl import workbook    # 导入 WorkBook 模块库
wb=Workbook()    # 创建工作表
```

```
sht=wb.active    # 获取当前活动表格 Sheet 对象
row2 = sht.row_dimensions[2]  # row2 代表当前活动表格 Sheet 中的第 2 行
colB=sht.column_dimensions['日期']  # colB 代表当前活动表格 Sheet 中的列名为"日期"
的列
```

获取表格中的行、列对象后，就可以通过属性函数给行、列对象属性赋值：

```
row2.height = 30    # 行高设为 30
colB.width=2        # 设置列宽为 2
```

------ ▪ 提示 ▪ ------

行、列的专有属性（行高和列宽）不能用在单元格上，如果为单元格设置高度，则会报错。

2. 单元格合并与拆分

在 openpyxl 库中，merge_cells 函数可以将一个矩形区域中的单元格合并为一个单元格，unmerge_cells 函数用于拆分单元格。merge_cells 函数的调用格式如下：

```
sheet.merge_cells('a:b')
```

参数说明：

● a：单元格的起始行列号。

● b：单元格的终止行列号，单元格的列号和行号都是从 0 开始计数的。

3. 页面设置

在 openpyxl 库中，Excel 工作表的页面设置包括页面布局设置、打印预览、打印设置和打印输出等，相关命令如表 3-16 所示。

表 3-16　Excel 页面设置命令

命令名	说明
ws.page_setup.fitToWidth	设置合适的宽度
ws.page_setup.fitToHeight	设置合适的高度
ws.page_setup.orientation	设置合适的页面布局方向，包括垂直或水平，如 ws.ORIENTATION_LANDSCAPE
ws.page_setup.paperSize	设置页面大小，如 ws.PAPERSIZE_TABLOID
ws.print_options.horizontalCentered = True	设置水平居中方式打印
ws.print_options.verticalCentered = True	设置垂直居中方式打印
ws.print_title_cols ws.print_title_rows	在每一页上打印标题

案例——美化电子产品销售工作表

设计一个如图 3-17 所示的电子产品销售工作表,统计一个月内电子产品的销量情况,自定义单元格样式输出,简单有效地美化表格。

编号	产品名称	单价	数量	金额
1	台式电脑	6188	2	12376
2	台式电脑	5480	1	5480
3	平板电脑	5600	1	5600
4	笔记本电脑	9888	1	9888
5	组装台式	4500	3	13500
6	台式电脑	5008	2	10016
7	笔记本电脑	10299	1	10299
8	组装台式	4280	2	8560
9	台式电脑	4998	2	9996

图 3-17 电子产品销售工作表

解: PyCharm 程序如下:

```
# /usr/bin/env python3
# -*- coding: UTF-8 -*-
# 导入模块
import openpyxl as op
from openpyxl import Workbook
from openpyxl. styles import Font, Border, Side, Alignment, Color
from openpyxl. styles import Protection, PatternFill, colors
# 打开工作簿
wb = op.load_workbook('D:\\NewPython\\电子产品销售工作表.xlsx')
sht = wb.active  # 获取当前活动表格 Sheet 对象
# 定义字体样式
font = Font(name='宋体',size=16,color=Color(indexed=12))
font1 = Font(name='幼圆',size=26,bold=True,color=Color(indexed=10))
# 设置对齐方式
alige = Alignment(horizontal='center',vertical='center')
# 设置单元格填充样式
fill = PatternFill(fill_type='lightUp', fgColor="FF5809")
fill1 = PatternFill(fill_type='solid', fgColor="FF359A")
fill2 = PatternFill(fill_type='mediumGray', fgColor="A8FF24")
# # 设置表格边框
border = Border(\
        left=Side(border_style='double',color="FF0000"),\
        right=Side(border_style='thin', color="FF0000"), \
        top=Side(border_style='double', color="FF0000"), \
        bottom=Side(border_style='thin', color="FF0000"))
# 应用自定义样式
for row in sht.rows:
    for cell in row:
        cell.font = font
        cell.alignment = alige
```

```
        cell.fill = fill
        cell.border = border
```

```
# 设置第二列格式
colB=sht.column_dimensions['B']
colB.width=20        # 设置列宽为20
# 设置第一行
row2 = sht.row_dimensions[2]  # row2 代表当前活动表格 Sheet 中的第一行
row2.height = 50     # 行高设为50。
# 插入表格标题
sht.insert_rows(1) #在第一行上面插入空行
sht['A1']='电子产品销售工作表'
sht.merge_cells('A1:E1') # 合并单元格
sht['A1'].font = font1    # 设置标题字体
sht['A1'].alignment = alige  # 标题居中显示
sht['A1'].fill = fill1
wb.save('D:\\NewPython\\电子产品销售工作表美化.xlsx')
```

运行结果如图 3-18 所示。

图 3-18　美化后的表格

三、设置单元格内容的格式

在写入 Excel 表格数据的时候，xlwt 模块还可以设置单元格内容的格式，增强电子表格的可读性。单元格内容的格式包括一些简单的字体格式，如字体、字号、加粗、倾斜、下画线、颜色等，如表 3-17 所示。

表 3-17　设置单元格内容的格式的命令

命令名	说明
style=xlwt.XFStyle()	定义数据格式对象，可以通过属性函数设置数据格式 style.font=font：定义数据字体 style.alignment=alignment：定义数据对齐方式 style.borders=border：定义数据边框线

续表

命　令　名	说　　明
font=xlwt.Font	定义数据字体对象 font.name：定义字体名称 font.color：定义字体颜色 font.height：定义字体大小
alignment=xlwt.Alignment()	设置字体在单元格的位置 alignment.horz=xlwt.Alignment.HORZ_CENTER：水平方向 alignment.vert=xlwt.Alignment.VERT_CENTER：垂直方向
border=xlwt.Borders()	设置单元格加框线位置与框线颜色 border.left=xlwt.Borders.THIN：左 border.top=xlwt.Borders.THIN：上 border.right=xlwt.Borders.THIN：右 border.bottom=xlwt.Borders.THIN：下 border.left_colour：设置指定边的颜色

项目总结

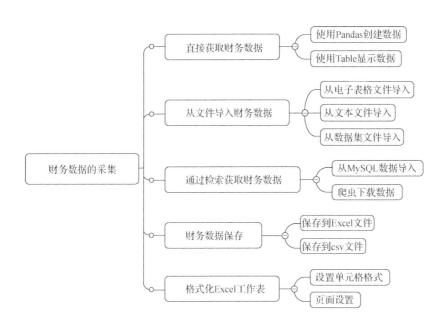

项目实战

实战 1 九方智投的基金数据采集

九方智投界面如图 3-19 所示，获取其 HTML 数据，包括基金估值和收益排行榜数据，将其存储为 Excel 数据。

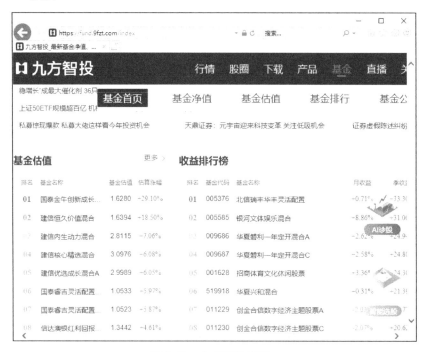

图 3-19 九方智投界面

采集九方智投的基金数据的步骤如下。

（1）爬取数据。

```
# /usr/bin/env python3
# -*- coding: UTF-8 -*-
import pandas as pd
df0 = pd.read_html("https://fund.9fzt.com/index",\
    encoding='utf-8', header=0)[0]
df1 = pd.read_html("https://fund.9fzt.com/index",\
    encoding='utf-8', header=0)[1]
```

```
print('*'*10,'基金估值','*'*10)
print(df0)
print('*'*10,'收益排行榜','*'*10)
print(df1)
```

（2）存储数据为 xlsx 格式。

```
# 将数据存储在 Sheet1
df0.to_excel('D:\\NewPython\\九方智投基金数据.xlsx',\
        sheet_name = 'Sheet1',\
            index=False)  # 不显示行索引
df1.to_excel('D:\\NewPython\\九方智投基金数据.xlsx',\
        sheet_name = 'Sheet2',\
            index=False)  # 不显示行索引
```

运行结果如下，生成的表格数据如图 3-20 和图 3-21 所示。

```
********** 基金估值 **********
   排名          基金名称      基金估值   估算涨幅
0   1  前海开源沪港深景气行业精选混合  1.4625  +5.50%
1   2      前海联合泳隆混合 A  1.2868  +5.29%
2   3      前海联合泳隆混合 C  1.2773  +5.29%
3   4      长城行业轮动混合 A  2.5252  +3.97%
4   5      长城行业轮动混合 C  2.5139  +3.97%
5   6    长城新能源股票发起式 A  1.1229  +3.54%
6   7    长城新能源股票发起式 C  1.1202  +3.54%
7   8        华夏优势精选股票  1.7425  +3.50%
8   9      天弘国证建材指数 A  0.9932  +3.47%
9  10      天弘国证建材指数 C  0.9919  +3.46%
********** 收益排行榜 **********
   排名    基金代码          基金名称      月收益      季收益     半年收益      年收益
0   1    7189   南华价值启航纯债债券 A  +143.12%  +145.89%  +146.63%  +151.72%
1   2    7190   南华价值启航纯债债券 C  +143.05%  +145.73%  +146.32%  +151.13%
2   3    8652  长城中债 1-3 年政金债指数 A   +0.12%   +49.16%   +49.11%   +49.77%
3   4    8653  长城中债 1-3 年政金债指数 C   +0.13%   +49.09%   +49.11%   +49.77%
4   5    5513    南华瑞恒中短债债券 A   -0.11%   +42.28%   +41.28%   +40.15%
5   6    5514    南华瑞恒中短债债券 C   -0.14%   +42.26%   +41.17%   +39.84%
6   7  970085       国联汇富债券 C  +36.94%   +37.31%   +38.35%       --
7   8  519212      万家宏观择时多策略   +9.87%   +32.43%   +50.94%   +42.81%
8   9    4854  广发中证全指汽车指数 A  +22.04%   +31.37%    -2.48%   +10.40%
9  10    4855  广发中证全指汽车指数 C  +22.03%   +31.30%    -2.57%   +10.19%
```

Python 财务基础

图 3-20　九方智投基金估值

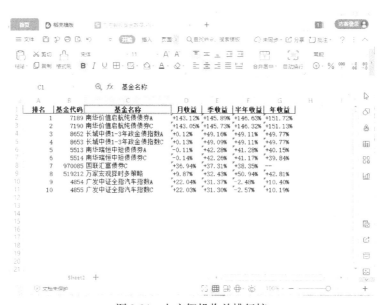

图 3-21　九方智投收益排行榜

实战 2　水泥全国产量数据采集

读取 csv 文件数据，筛选数据并存储数据。水泥全国产量数据如图 3-22 所示。

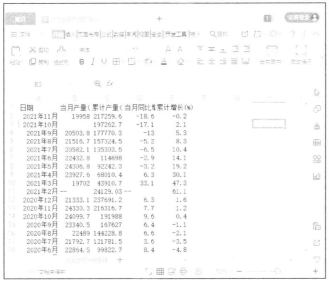

图 3-22　水泥全国产量数据

解：PyCharm 程序如下：

```
# /usr/bin/env python3
# -*- coding: UTF-8 -*-
import pandas as pd
```

采集水泥全国产量数据的步骤如下。

（1）读取 csv 文件。

```
data = pd.read_csv('D:\\NewPython\\水泥全国产量数据.csv',\
                encoding='gbk')
dt = data.head()    # 获取前 5 行数据
```

（2）使用"？"分隔符保存 csv 数据，运行结果如图 3-23 所示。

```
dt.to_csv('D:\\NewPython\\水泥全国产量数据 1.csv',sep='？')
```

（3）替换空值保存 csv 数据，运行结果如图 3-24 所示。

```
dt.to_csv('D:\\NewPython\\水泥全国产量数据 2.csv',na_rep='NA')
```

（4）保留 4 位小数保存 csv 数据，运行结果如图 3-25 所示。

```
dt.to_csv('D:\\NewPython\\水泥全国产量数据 3.csv',float_format='%.4f')
```

（5）保留索引列和列名保存 csv 数据，运行结果如图 3-26 所示。

```
dt.to_csv('D:\\NewPython\\水泥全国产量数据 4.csv',\
        columns=['当月产量(万吨)','累计产量(万吨)'])
```

（6）不保留列名保存 csv 数据，运行结果如图 3-27 所示。

```
dt.to_csv('D:\\NewPython\\水泥全国产量数据 5.csv',header=0)
```

（7）不保留行索引保存 csv 数据，运行结果如图 3-28 所示。

```
dt.to_csv('D:\\NewPython\\水泥全国产量数据 6.csv',index=0)
```

```
?日期?当月产量(万吨)?累计产量(万吨)?当月同比增长(%)?累计增长(%)
0?2021年11月?19958?217259.6?-18.6?-0.2
1?2021年10月??197262.7?-17.1?2.1
2?2021年9月?20503.8?177770.3?-13?5.3
3?2021年8月?21516.7?157324.5?-5.2?8.3
4?2021年7月?20582.1?135303.5?-6.5?10.4
```

图 3-23　使用“？”分隔符保存 csv 数据

	日期	当月产量(	累计产量(	当月同比增	累计增长(%)
0	2021年11月	19958	217259.6	-18.6	-0.2
1	2021年10月	NA	197262.7	-17.1	2.1
2	2021年9月	20503.8	177770.3	-13	5.3
3	2021年8月	21516.7	157324.5	-5.2	8.3
4	2021年7月	20582.1	135303.5	-6.5	10.4

图 3-24　替换空值保存 csv 数据

	日期	当月产量(	累计产量(	当月同比增	累计增长(%)
0	2021年11月	19958	217259.6	-18.6	-0.2
1	2021年10月		197262.7	-17.1	2.1
2	2021年9月	20503.8	177770.3	-13	5.3
3	2021年8月	21516.7	157324.5	-5.2	8.3
4	2021年7月	20582.1	135303.5	-6.5	10.4

图 3-25　保留 4 位小数保存 csv 数据

	当月产量(	累计产量(万吨)
0	19958	217259.6
1		197262.7
2	20503.8	177770.3
3	21516.7	157324.5
4	20582.1	135303.5

图 3-26　保留索引列和列名保存 csv 数据

0	2021年11月	19958	217259.6	-18.6	-0.2
1	2021年10月		197262.7	-17.1	2.1
2	2021年9月	20503.8	177770.3	-13	5.3
3	2021年8月	21516.7	157324.5	-5.2	8.3
4	2021年7月	20582.1	135303.5	-6.5	10.4

图 3-27　不保留列名保存 csv 数据

日期	当月产量(	累计产量(	当月同比增	累计增长(%)
2021年11月	19958	217259.6	-18.6	-0.2
2021年10月		197262.7	-17.1	2.1
2021年9月	20503.8	177770.3	-13	5.3
2021年8月	21516.7	157324.5	-5.2	8.3
2021年7月	20582.1	135303.5	-6.5	10.4

图 3-28　不保留行索引保存 csv 数据

项目四

财务数据处理与可视化

思政目标

> 财务数据的处理要真实、可靠，契约精神是财务分析时的基本要求，诚信是社会主义核心价值观中的重要内容，新时代背景下财务分析需要不断地自我完善、自我提高。
> 单纯的财务数据分析的指标无法满足新时代对我们提出的更高要求，我们要与时俱进，通过可视化分析提高财务分析技能，做高素质专业化人才。

技能目标

> 能够处理空值、重复值。
> 能够使用不同方法合并数据。
> 能够进行数据排序与分组。

项目导读

数据可视化是一种对数据的形象直观的解释，用于帮助我们从不同的角度来观察数据，从而得到更有价值的信息。数据可视化可以将抽象的、复杂的、不易理解的数据转化为人眼可以识别的图形、图像、符号等，这些转化后的数据通常能够更有效地传达数据本身所包含的有用信息。

任务一 // 数据处理

任务引入

小刘需要从一堆文件中筛选出可使用的数据文件。那么，如何筛选出可用的数据呢？异常、重复、无用的数据应如何进行处理呢？

知识准备

数据处理是指从大量、杂乱无章、难以理解、缺失的数据中抽取出有意义的数据。数据处理主要包括数据清洗、数据加工等。

一、数据清洗

数据清洗是对一些无用的数据进行处理的过程。在数据分析工作中，很多数据集存在数据缺失、数据格式错误、数据错误或数据重复的情况，如果要使数据分析更加准确，就需要对这些无用的数据进行处理。

1. 数据缺失

在输入数据的过程中，很容易出现数据遗漏现象，Pandas 对象的所有描述性统计默认都不包括缺失数据。

在 Pandas 中，使用 np.nan 来代替缺失值，处理缺失值最常用的方法是为缺失值所在的列赋值，其使用格式如下：

```
DataFrame[columns_name]=list
```

其中，columns_name 为列名称。

除直接赋值外，Pandas 还提供了 dropna 函数用于滤除缺失数据。该函数的调用格式如下：

```
DataFrame.dropna(axis=0,
                 how='any',
                 thresh=None,
                 subset=None,
                 inplace=False)
```

参数说明：

- axis：确定是否删除包含缺失值的行或列。当 axis=0 或 axis='index'时，删除含有缺失值的行。当 axis=1 或 axis='columns'时，删除含有缺失值的列。

- how：当至少有一个 NA 时，确定是否从 DataFrame 中删除行或列，how='all'或 how='any'. 当 how='all'时表示删除的全是缺失值的行（列）。当 how='any'时表示删除含有缺失值的行（列）。

- thresh：保留至少含有非大数值的行数。

- subset：定义要在哪些列中查找缺失值。

- inplace：选择是否用排序后的数据替换现有的数据，默认不替换。

fillna 函数用来指定值或插值的方式来填充缺失数据。该函数的调用格式如下：

```
DataFrame.fillna(value=None,
                 method=None,
                 axis=None,
                 inplace=False,
                 limit=None,
                 downcast=None,
                 **kwargs)
```

参数说明：

- value：一个用于填充空值的值，可以是一个 Series、dict、DataFrame。

- method：一种用于填充重新索引的 Series 中的空值的方法，包括 pad/ffill（用前一个非缺失值填充该缺失值）、backfill/bfill（用下一个非缺失值填充该缺失值）、None（指定一个值替换缺失值），默认为 None。

- axis：行/列的整数或字符串值。

- inplace：如果为 True，它将在空白处填充值。

- limit：指定连续的前向/后向 NaN 值填充的最大数量。

- downcast：需要指定一个将 float64 转换为 int64 的内容的字典。

isnull 函数返回一个含有布尔值的对象，这些布尔值表示哪些值是缺失值 NA，notnull 函数是 isnull 函数的否定式。

在进行分析的时候，我们经常要将缺失值填充为前一个值或后一个值，而不是单纯地填充 0 或均值。

案例——处理缺失数据

解： PyCharm 程序如下：

```
# /usr/bin/env python3
# -*- coding: UTF-8 -*-
import numpy as np   # 导入 NumPy 模块库
import pandas as pd   # 导入 Pandas 模块库
```

```
# 定义列表数据
data = [[5833,794.6,19.5,24.9],\
        [3724,487.2,29.9,8.0],\
        [3261,468.9,12.3,2.2],\
        [3758,488.4,47.2,22.3],\
        [3845,533.1,-25.5,25.0],\
        [3933,555.8,17.9,18.10],\
        [3866,579.7,28.9,34.7],\
        [4218,638.5,-20.8,31.1],\
        [3631,557.4,28.4,28.7],\
        [4311,661.4,42.0,38.5],\
        [4356]]
index = ['2021 年 1-2 月','2021 年 3 月','2021 年 4 月',\
        '2021 年 5 月','2021 年 6 月','2021 年 7 月',\
        '2021 年 8 月','2021 年 9 月','2021 年 10 月',\
        '2021 年 11 月','2021 年 12 月']
# 定义列标签
colunms = ['进口数量(吨)','进口金额(百万美元)',\
        '数量增长率(%)','金额增长率(%)']
frame = pd.DataFrame(data,index=index,columns = columns)
# 输出数据
print('*'*10,'2021 年 1-12 月中国材料技术进口量及金额','*'*10)
print(frame)
frame1 =frame.T    # 行列调转数组
frame1['2021 年 12 月'] = [4311,634.4,52.0,18.5]    # 定义列数据
frame1 =frame1.T    # 行列调转数组
print('*'*10,'补充缺失值','*'*10)
print('直接赋值',frame1,sep= '\n')
# 在 csv 文件的工作路径下写入 xlsx 文件
excel_data = frame1.to_excel(\
    'D:\\NewPython\\2021 年中国材料技术进口量及金额.xlsx')
# 通过 axis 参数来删除含有空数据的全部列
frame2 = frame.dropna(axis=1)
# 通过 axis 参数来删除含有空数据的全部行
frame3 = frame.dropna(axis=0)
#对缺失值填充 0
frame.fillna(value=0)
print('删除列',frame2,sep= '\n')
print('删除行',frame3,sep= '\n')
print('填充 0',frame,sep= '\n')
```

运行结果如下：

```
********** 2021年1-12月中国材料技术进口量及金额 **********          删除列
          进口数量(吨)  进口金额(百万美元)  数量增长率(%)  金额增长率(%)                进口数量(吨)
2021年1-2月   5833        794.6        19.5       24.9        2021年1-2月   5833
2021年3月    3724        487.2        29.9       8.0         2021年3月    3724
2021年4月    3261        468.9        12.3       2.2         2021年4月    3261
2021年5月    3758        488.4        47.2       22.3        2021年5月    3758
2021年6月    3845        533.1        -25.5      25.0        2021年6月    3845
2021年7月    3933        555.8        17.9       18.1        2021年7月    3933
2021年8月    3866        579.7        28.9       34.7        2021年8月    3866
2021年9月    4218        638.5        -20.8      31.1        2021年9月    4218
2021年10月   3631        557.4        28.4       28.7        2021年10月   3631
2021年11月   4311        661.4        42.0       38.5        2021年11月   4311
2021年12月   4356        NaN          NaN        NaN         2021年12月   4356
********** 补充缺失值 **********
直接拟值                                                      删除行
          进口数量(吨)  进口金额(百万美元)  数量增长率(%)  金额增长率(%)                进口数量(吨)  进口金额(百万美元)  数量增长率(%)  金额增长率(%)
2021年1-2月   5833.0      794.6        19.5       24.9        2021年1-2月   5833        794.6        19.5       24.9
2021年3月    3724.0      487.2        29.9       8.0         2021年3月    3724        487.2        29.9       8.0
2021年4月    3261.0      468.9        12.3       2.2         2021年4月    3261        468.9        12.3       2.2
2021年5月    3758.0      488.4        47.2       22.3        2021年5月    3758        488.4        47.2       22.3
2021年6月    3845.0      533.1        -25.5      25.0        2021年6月    3845        533.1        -25.5      25.0
2021年7月    3933.0      555.8        17.9       18.1        2021年7月    3933        555.8        17.9       18.1
2021年8月    3866.0      579.7        28.9       34.7        2021年8月    3866        579.7        28.9       34.7
2021年9月    4218.0      638.5        -20.8      31.1        2021年9月    4218        638.5        -20.8      31.1
2021年10月   3631.0      557.4        28.4       28.7        2021年10月   3631        557.4        28.4       28.7
2021年11月   4311.0      661.4        42.0       38.5        2021年11月   4311        661.4        42.0       38.5
2021年12月   4311.0      634.4        42.0       38.5
填充0
          进口数量(吨)  进口金额(百万美元)  数量增长率(%)  金额增长率(%)
2021年1-2月   5833        794.6        19.5       24.9
2021年3月    3724        487.2        29.9       8.0
2021年4月    3261        468.9        12.3       2.2
2021年5月    3758        488.4        47.2       22.3
2021年6月    3845        533.1        -25.5      25.0
2021年7月    3933        555.8        17.9       18.1
2021年8月    3866        579.7        28.9       34.7
2021年9月    4218        638.5        -20.8      31.1
2021年10月   3631        557.4        28.4       28.7
2021年11月   4311        661.4        42.0       38.5
2021年12月   4356        NaN          NaN        NaN
```

2. 数据重复

unique 函数用于获取 Series 中的唯一值，并删除重复数据。

案例——进货记录表删除重复数据

某家具销售公司 1 月份商品进货记录表如表 4-1 所示，由于操作失误，表中包含重复数据，需要进行处理。

表 4-1　某家具销售公司 1 月份商品进货记录表

名称	型号	生产厂	单价	采购数量	总价	进货日期
沙发 A	S001	天成沙发厂	1 000	3	3 000	2020 年 1 月 2 日
椅子 A	Y001	永昌椅业	230	6	1 380	2020 年 1 月 4 日
沙发 B	S002	天成沙发厂	1 200	8	9 600	2020 年 1 月 6 日
茶几 A	C001	新时代家具城	500	9	4 500	2020 年 1 月 7 日
桌子 A	Z001	新时代家具城	600	6	3 600	2020 年 1 月 10 日
茶几 B	C002	新时代家具城	360	12	4 320	2020 年 1 月 14 日
椅子 B	Y002	永昌椅业	550	15	8 250	2020 年 1 月 17 日
沙发 C	S003	新世界沙发城	2 300	11	25 300	2020 年 1 月 20 日
椅子 C	Y003	永昌椅业	500	8	4 000	2020 年 1 月 21 日

续表

名称	型号	生产厂	单价	采购数量	总价	进货日期
椅子 D	Y004	新时代家具城	550	6	3 300	2020 年 1 月 24 日
沙发 D	S004	新世界沙发城	2 900	3	8 700	2020 年 1 月 26 日
茶几 C	C003	新时代家具城	850	8	6 800	2020 年 1 月 28 日
桌子 B	Z002	新时代家具城	560	9	5 040	2020 年 1 月 31 日

解：PyCharm 程序如下：

```python
# /usr/bin/env python3
# -*- coding: UTF-8 -*-
import numpy as np      # 导入 NumPy 模块库
import pandas as pd     # 导入 Pandas 模块库
import openpyxl         # 导入 openpyxl 模块库
# 定义 Excel 文件路径
basestation='D:\\NewPython\\某家具销售公司1月份商品进货记录表.xlsx'
# 读取指定路径下的文件
# 将第一行用作表头，数据中的第一列是行索引
# 选中数据的对应列数作为索引
excel_data=pd.read_excel(basestation,header=0)
print('*'*10,'1月份商品进货记录表','*'*10)
print(excel_data)
# 创建表格
from prettytable import PrettyTable    # 导入 PrettyTable 模块
table = PrettyTable()   #  创建空白表格
# 获取列名
columns = excel_data.columns
for i in columns:
    frame = excel_data[i].unique()  # 列数据去重
    frame = frame.T  # 数据转置
    table.add_column(i,frame)  # 添加列名与列数据
table.title = ['1月份商品进货记录表数据去重']   # 添加标题
print(table)
```

运行结果如下：

```
********** 1月份商品进货记录表 **********
     名称    型号   生产厂        单价   采购数量   总价
0   沙发A   S001  天成沙发厂A区   1000   3     3000
1   椅子A   Y001  永昌椅业       230    6     1380
2   沙发B   S002  天成沙发厂B区   1200   8     9600
3   茶几A   C001  新时代家具城A区  500    9     4500
4   桌子A   Z001  新时代家具城B区  600    10    6000
5   茶几B   C002  新时代家具城C区  360    12    4320
6   椅子B   Y002  永昌椅业A区     550    15    8250
7   沙发C   S003  新世界沙发城A区  2300   11    25300
8   椅子C   Y003  永昌椅业B区     580    18    10440
9   椅子D   Y004  新时代家具城D区  650    7     4550
10  沙发D   S004  新世界沙发城B区  2900   13    37700
11  茶几C   C003  新时代家具城E区  850    4     3400
12  桌子B   Z002  新时代家具城F区  560    19    10640
13  茶几A   C001  新时代家具城A区  500    9     4500
14  桌子A   Z001  新时代家具城B区  600    10    6000
15  桌子B   C002  新时代家具城C区  360    12    4320
16  椅子B   Y002  永昌椅业A区     550    15    8250
17  椅子C   Y003  永昌椅业B区     580    18    10440
18  椅子D   Y004  新时代家具城D区  650    7     4550
19  椅子A   Y001  永昌椅业       230    6     1380
```

```
+-------+------+-------------+------+----------+-------+
|            ['1月份商品进货记录表数据去重']              |
+-------+------+-------------+------+----------+-------+
| 名称  | 型号 |    生产厂    | 单价 | 采购数量 | 总价  |
+-------+------+-------------+------+----------+-------+
| 沙发A | S001 | 天成沙发厂A区 | 1000 |    3     |  3000 |
| 椅子A | Y001 |   永昌椅业   |  230 |    6     |  1380 |
| 沙发B | S002 | 天成沙发厂B区 | 1200 |    8     |  9600 |
| 茶几A | C001 | 新时代家具城A区 |  500 |    9     |  4500 |
| 桌子A | Z001 | 新时代家具城B区 |  600 |    10    |  6000 |
| 茶几B | C002 | 新时代家具城C区 |  360 |    12    |  4320 |
| 椅子B | Y002 |   永昌椅业A区 |  550 |    15    |  8250 |
| 沙发C | S003 | 新世界沙发城A区 | 2300 |    11    | 25300 |
| 椅子C | Y003 |   永昌椅业B区 |  580 |    18    | 10440 |
| 椅子D | Y004 | 新时代家具城D区 |  650 |    7     |  4550 |
| 沙发D | S004 | 新世界沙发城B区 | 2900 |    13    | 37700 |
| 茶几C | C003 | 新时代家具城E区 |  850 |    4     |  3400 |
| 桌子B | Z002 | 新时代家具城F区 |  560 |    19    | 10640 |
+-------+------+-------------+------+----------+-------+
```

3. 数据格式化

数据格式化可以增强数据的可读性，如统一数据的小数点位数、添加千位分隔符，还可以实现特定的功能，如转换为百分比数据，百分比数据主要用于成绩的统计与计算。

round 函数用于将 DataFrame 舍入到可变数量的小数位数。该函数的调用格式如下：

```
DataFrame.round (decimal,args=(),**kwds)
```

参数说明：
- decimal：每一列四舍五入的小数位数。
- args、**kwds：函数传递参数。

对 DataFrame 对象进行格式化时，如果挨个对 DataFrame 进行遍历、格式化，则比较烦琐，并且处理大量数据时耗时较长。

Pandas 提供了对数组批量格式化的函数：apply、map 和 applymap。apply 函数用来调用 Series、DataFrame 对象中的元素，map 函数应用在 Series 的每个元素中，applymap 函数应用在 DataFrame 的每个元素中。apply 函数的调用格式如下：

```
DataFrame.apply(func,
                axis=0,
                broadcast=False,
                raw=False,
                reduce=None,
                args=(),
                **kwds)
```

部分参数说明：
- func：调用的函数，一般使用 lambda 定义变量。
- axis：调用顺序，指定按行或按列调用，默认为 axis=0，按行调用。
- args、**kwds：函数传递参数。

案例——计算企业同比增长率

同比增长率一般是指和上一年同期相比较的增长率，计算公式如下：

同比增长率=（现年值-上年同期值）÷上年同期值

某企业上半年企业净利润情况如表 4-2 所示，计算该企业 2017 年与 2015 年的同比增长率。

表 4-2　某企业上半年企业净利润情况　　　　　　　　　　　单位：万元

2013 年	2014 年	2015 年	2017 年
437	551	724	852
509	612	732	860
308	280	400	728
468	570	600	800
414	604	741	886
223	500	400	1200
2359	3117	3597	5326

解：PyCharm 程序如下：

```python
# /usr/bin/env python3
# -*- coding: UTF-8 -*-
import numpy as np    # 导入 NumPy 模块库
import pandas as pd    # 导入 Pandas 模块库
# 定义字典
data = {'2013年': [437,509,308,468,414,223,2359],
        '2014年': [551,612,280,570,604,500,3117],
        '2015年': [724,732,400,600,741,400,3597],
        '2017年': [852,860,728,800,886,1200,5326]}
frame = pd.DataFrame(data)
# 计算行差值
frame['同比增长率']=0
for i in range(0,7):
    frame.iloc[i,4]=(frame.iloc[i,3]-frame.iloc[i,2])/frame.iloc[i,2]
    frame = frame.round(2)    # 小数点后保留2位小数
    # 添加百分号
    frame['同比增长率%'] = frame['同比增长率'].apply(lambda x:format(x,'.0%'))
# 将数据保存到 Excel
frame.to_excel('D:\\NewPython\\某企业上半年企业净利润同比增长率.xlsx',\
               index=False)
# Excel 文件中的数据格式化
# 导入 openpyxl 模块
import openpyxl
from openpyxl import Workbook, load_workbook
from openpyxl.chart import ScatterChart, Series, Reference
from openpyxl.chart import LineChart, BarChart, PieChart
from openpyxl import Workbook
from openpyxl. styles import Font, Border, Side, Alignment, Color
from openpyxl. styles import Protection, PatternFill, colors
# 加载工作簿
excelPath = r'D:\\NewPython\\某企业上半年企业净利润同比增长率.xlsx'
wb = openpyxl.load_workbook(excelPath)
ws=wb.active    # 获取当前表格窗口
row = ws.max_row    # 计算最大行
column = ws.max_column    # 计算最大列
# 设置列宽
ws.column_dimensions['E'].width = 30    #设置列宽
ws.column_dimensions['F'].width = 30    #设置列宽
# 所有单元格应用自定义样式
for i in range(1,row+1):
    for j in range(1,column+1):
```

```
        ws.cell(row = i, column = j).alignment = \
            Alignment(horizontal='center')
# 插入表格标题
ws.insert_rows(1)   #在第一行上面插入空行
ws['A1']='上半年企业净利润分析'
# 设置第一行格式
font = Font(name='幼圆',size=20,bold=True)
ws['A1'].font = font   # 设置标题字体
ws['A1'].alignment = Alignment(horizontal='center')   # 标题居中显示
# 合并单元格
ws.merge_cells('A1:F1')
# 定义表头字体样式
font1 = Font(name='宋体',size=12,bold=True,color="ffffff")
fill = PatternFill(fill_type='solid', fgColor="272727")
# 表头应用自定义样式
for i in range(1,column+1):
    ws.cell(row = 2, column = i).font = font1
    ws.cell(row = 2, column = i).fill = fill
    ws.cell(row = 2, column = i).alignment = \
        Alignment(horizontal='center')


# 保存
wb.save(excelPath)
```

运行结果如图 4-1 所示。

上半年企业净利润分析					
2013年	2014年	2015年	2017年	同比增长率	同比增长率%
437	551	724	852	0.18	18%
509	612	732	860	0.17	17%
308	280	400	728	0.82	82%
468	570	600	800	0.33	33%
414	604	741	886	0.2	20%
223	500	400	1200	2	200%
2359	3117	3597	5326	0.48	48%

图 4-1   运行结果

4. 数据对齐

如果输出数据列名与数据不对齐，则需要调用 set_option 函数，用来设置一些指定参数的值，该函数的调用格式如下：

```
pandas.set_option(pat, value)
```

参数说明：

- pat：字符，可以匹配一个特定选项的正则表达式，可以设置的选项如表 4-3 所示。
- value：对象，可以为数值或者字符。

表 4-3 可以设置的选项

设置选项	说明
compute.use_bottleneck	使用 bottleneck 模块库进行加速计算，默认值为 True
compute.use_numexpr	安装 numexpr 模块库后，使用 numexpr 进行加速计算，默认值为 True
display.chop_threshold	设置浮点型的数值阈值，DataFrame 中所有绝对值小于该阈值的数值，都会以 0 展示
display.column_space	设置列名所占空间，默认为 12 行
display.date_dayfirst	默认将日期放在最前面
display.date_yearfirst	默认将年份放在最前面
pd.set_option('expand_frame_repr',False)	默认值为 True，可以换行显示；反之，不允许换行
pd.set_option('max_colwidth', width)	设置列长度
pd.set_option('large_repr', A)	DataFrame 字段过长的操作，默认为 truncate（被截断）
pd.set_option('colheader_justify', 'left')	调整展示的列名靠左对齐或右对齐，默认为 right
pd.set_option(display.unicode.[ambiguous_as_wide, east_asian_width])	数据列名与数据对齐方式
pd.set_option('precision', n)	显示小数点后的 n 位数
pd.set_option('display.width', width)	设置显示数据的宽度
display.[max_columns, max_colwidth, max_info_columns, max_info_rows, max_rows, max_seq_items, memory_usage, min_rows, multi_sparse, notebook_repr_html, pprint_nest_depth, precision, show_dimensions]	显示的最大行数和列数等信息

案例——对齐业务分析表

解：PyCharm 程序如下：

```python
# /usr/bin/env python3
# -*- coding: UTF-8 -*-
import numpy as np   # 导入 NumPy 模块库
import pandas as pd  # 导入 Pandas 模块库
import openpyxl    # 导入 openpyxl 模块库
# 定义数组
frame = pd. DataFrame({'一季度':[3037,3311,1474,2407],\
                '二季度':[3262,3897,2593,2669],\
                '三季度': [2725,3287,2941,2303],\
```

```
                           '四季度': [3245,3559,2438,2427]})
# 输出数据
print('*' * 10, '年度业绩季度分析表', '*' * 10)
print(frame)
# 输出数据列名与数据对齐方式
pd.set_option('display.unicode.east_asian_width', True)
# 控制数据居中还是左边，默认为 left（左）
pd.set_option('colheader_justify', 'left')
# 输出数据
print('*' * 10, '年度业绩季度分析表', '*' * 10)
print(frame)
```

运行结果如下：

```
********** 年度业绩季度分析表 **********
    一季度 二季度 三季度 四季度
0  3037  3262  2725  3245
1  3311  3897  3287  3559
2  1474  2593  2941  2438
3  2407  2669  2303  2427
********** 年度业绩季度分析表 **********
    一季度     二季度     三季度     四季度
0  3037     3262     2725     3245
1  3311     3897     3287     3559
2  1474     2593     2941     2438
3  2407     2669     2303     2427
```

二、数据合并

在处理数据的时候，经常会遇到将多个表连接起来再进行数据处理和分析的情况，Pandas 提供了几种方法来实现数据合并功能。

merge 函数基于两个 DataFrame 的共同列进行合并。该函数的调用格式如下：

```
DataFrame. merge(left/right, how=' inner',
                 #{"left",' right',' outer', inner'},
                 default ' inner'
                 on=None,
                 left_index=False,
                 right_index=False,
                 1eft_on=None,
                 right_on=None,
                 sort=False,
                 suffixes=("x","y"))
```

参数说明：
- left/right：左/右位置的 DataFrame。
- how：数据合并的方法。how='inner'为内连接，基于共同列的交集进行连接；how='outer' 为外连接，基于共同列的并集进行连接；how='left'为左连接，基于左边位置的列进行连接；how=right'为右连接，基于右边位置的列进行连接。
- on：用来对齐的列名。

- left_index、right_index：如果 haunted 是 True，则以 index 作为对齐的 key。
- left_on：左对齐的列，可以是列名，也可以是和 DataFrame 同样长度的 arrays。
- right_on：右对齐的列，可以是列名，也可以是和 DataFrame 同样长度的 arrays。
- sort：根据 DataFrame 合并的 keys 按字典顺序排序。
- suffixes：若有相同列且该列没有作为合并的列，则可通过 suffixes 设置该列的后缀名，一般为元组和列表类型。

案例——使用 merge 函数合并企业基本开销支出

解： PyCharm 程序如下：

```python
# /usr/bin/env python3
# -*- coding: UTF-8 -*-
import numpy as np    # 导入 NumPy 模块库
import pandas as pd   # 导入 Pandas 模块库
import openpyxl       # 导入 openpyxl 模块库
# 输出数据列名与数据对齐方式
pd.set_option('display.unicode.east_asian_width', True)
# 定义数组
frame1 = pd.DataFrame({'项目': ['一季度','二季度','三季度','四季度'],
                       '员工工资': [172300,159700,113900,127000]})
frame2 = pd.DataFrame({'项目': ['一季度','二季度','三季度','四季度'],
                       '福利支出': [1141,1819,1746,1218]})
# 输出数据
print('*' * 10, '数据合并', '*' * 10)
# 通过列名合并
res1 = pd.merge(frame1,frame2,on = '项目')
# 通过索引合并
res2 = pd.merge(frame1,frame2,right_index = True,left_index = True)
print(frame1,frame2,sep='\n')
print('通过列名合并',res1,'通过索引合并',res2,sep='\n')
```

运行结果如下：

```
********** 数据合并 **********
   项目  员工工资
0  一季度  172300
1  二季度  159700
2  三季度  113900
3  四季度  127000
   项目  福利支出
0  一季度  1141
1  二季度  1819
2  三季度  1746
3  四季度  1218
通过列名合并
   项目  员工工资  福利支出
0  一季度  172300  1141
1  二季度  159700  1819
2  三季度  113900  1746
3  四季度  127000  1218
通过索引合并
   项目_x  员工工资  项目_y  福利支出
0  一季度  172300  一季度  1141
1  二季度  159700  二季度  1819
2  三季度  113900  三季度  1746
3  四季度  127000  四季度  1218
```

其他数据合并函数如表 4-4 所示。

表 4-4 其他数据合并函数

函数名	说明
join	基于索引连接 DataFrame
concat	连接数组，包括行连接和列连接，默认是行连接，连接方法默认是外连接（并集），连接的对象是 Pandas 数据类型

案例——使用 concat 函数合并企业基本开销支出

解： PyCharm 程序如下：

```
# /usr/bin/env python3
# -*- coding: UTF-8 -*-
import numpy as np   # 导入 NumPy 模块库
import pandas as pd   # 导入 Pandas 模块库
import openpyxl   # 导入 openpyxl 模块库
# 输出数据列名与数据对齐方式
pd.set_option('display.unicode.east_asian_width', True)
# 定义数组
frame1 = pd.DataFrame({'项目': ['一季度','二季度','三季度','四季度'],
                        '员工工资': [172300,159700,113900,127000]})
frame2 = pd.DataFrame({'项目': ['一季度','二季度','三季度','四季度'],
                        '福利支出': [1141,1819,1746,1218]})
res3 = pd.concat([frame1,frame2])   # 首尾合并，直接相连
res4 = pd.concat([frame1,frame2],axis =1)   # 横向相连
print('纵向相连',res3,'横向相连',res4,sep='\n')
```

运行结果如下：

```
纵向相连
     项目  员工工资    福利支出
0  一季度  172300.0    NaN
1  二季度  159700.0    NaN
2  三季度  113900.0    NaN
3  四季度  127000.0    NaN
0  一季度     NaN    1141.0
1  二季度     NaN    1819.0
2  三季度     NaN    1746.0
3  四季度     NaN    1218.0
横向相连
     项目  员工工资    项目  福利支出
0  一季度  172300  一季度  1141
1  二季度  159700  二季度  1819
2  三季度  113900  三季度  1746
3  四季度  127000  四季度  1218
```

三、数据提取

在数据的分析过程中，并不是所有的数据都是我们想要的，这就需要提取部分数据，从源数据中抽取部分或全部数据到目标系统，从而在目标系统中再进行数据的加工利用。但数据的提取过程是将数据取出的过程，在不同的提取规则下，数据结果很难一致。

Pandas 中的数据提取函数如表 4-5 所示。

表 4-5　数据提取函数

函数名	说明
loc[index,columns]	根据行索引（index）和列名（columns）提取指定行的数据，默认情况下，第一行索引为 0，第二行索引为 1
iloc[i,j]	根据行索引 i 和列索引 j 抽取指定行的数据，0 表示第一行，1 表示第二行，当只有一个参数时，默认是行索引
head(i)	从前头显示几行数据，以行为单位，i 表示行数
tail(i)	从后头显示几行信息，i 表示行数
drop(index,axis=0,inplace=False)	删除索引 index 指定项

案例——提取产品成本数据

2021 年某企业产品成本数据如表 4-6 所示，根据需要提取指定的数据用于数据分析。

表 4-6　产品成本数据

项目	1 月	2 月	3 月	4 月	5 月	6 月	7 月	8 月
直接材料	3 634.15	7 868.21	9 283.77	2 042.12	7 503.33	8 650.50	8 355.00	5 241.55
直接人工	2 456.47	1 398.42	17.09	4 252.17	1 662.57	757.96	4 687.29	4 925.95
制造费用	310.09	693.20	951.18	893.05	902.67	374.82	313.89	216.63
本期转出	980.88	856.55	332.02	827.77	420.81	219.99	970.76	812.13
转出数量	124.45	117.46	13.61	43.85	40.05	101.76	56.43	131.07
单位成本	7.88	7.29	24.39	18.88	10.51	2.16	17.20	6.20
直接材料比重	3 094.0%	57 809.9%	21 174.0%	5 098.3%	7 373.6%	15 328.4%	6 374.7%	0.0%
直接人工比重	2 091.4%	10 274.6%	39.0%	10 615.9%	1 633.8%	1 343.1%	3 576.3%	0.0%
制造费用比重	264.0%	5 093.1%	2 169.4%	2 229.6%	887.1%	664.2%	239.5%	0.0%

解： PyCharm 程序如下：

```
# /usr/bin/env python3
# -*- coding: UTF-8 -*-
import numpy as np   # 导入 NumPy 模块
import pandas as pd   # 导入 Pandas 模块
import openpyxl    # 导入 openpyxl 模块
# 输出数据列名与数据对齐方式
pd.set_option('display.unicode.east_asian_width', True)
# 读取 xlsx 文件
frame = pd.read_excel('D:\\NewPython\\产品成本分析表.xlsx')
# 写入 xlsx 文件
# excel_data = frame.to_excel('D:\\NewPython\\产品成本分析表.xlsx')
```

```
print('*'*10,'产品成本','*'*10)
print('原始数据',frame,sep='\n')
# 根据行索引（index）和列名（columns）提取指定行的数据
print('抽取1月的数据',frame.loc[:,'1月'],sep='\n')
print('抽取第2行的数据',frame.iloc[1,:],sep='\n')
print('显示前2行数据',frame.head(2),sep='\n')
print('显示后2行数据',frame.tail(2),sep='\n')
# 行数据横向相连
res1 = pd.concat([frame.iloc[1,:],frame.iloc[2,:]] ,axis =1)
# 列数据横向相连
res2 = pd.concat([frame.loc[:,'1月'],\
                  frame.loc[:,'6月']],axis =1)
print('抽取直接成本',res1,'抽取1月、6月',res2,sep='\n')
```

运行结果如下：

```
********** 产品成本 **********
原始数据
        项目          1月          2月    ...          6月          7月          8月
0    直接材料  3634.151740  7868.213090  ...  8650.496086  8355.003762  5241.546475
1    直接人工  2456.474602  1398.416727  ...   757.960355  4687.291559  4925.950168
2    制造费用   310.092629   693.201253  ...   374.817493   313.887733   216.633286
3    本期转出   980.879892   856.548266  ...   219.992511   970.760609   812.128256
4    转出数量   124.445275   117.456718  ...   101.759895    56.434305   131.065832
5    单位成本     7.882018     7.292459  ...     2.161878    17.201605     6.196338
6  直接材料比重    30.940348   578.099479  ...   153.284357    63.746620     0.000000
7  直接人工比重    20.913871   102.745563  ...    13.430844    35.762879     0.000000
8  制造费用比重     2.640059    50.931422  ...     6.641661     2.394886     0.000000

[9 rows x 9 columns]
抽取1月的数据
0    3634.151740
1    2456.474602
2     310.092629
3     980.879892
4     124.445275
5       7.882018
6      30.940348
7      20.913871
8       2.640059
Name: 1月, dtype: float64
抽取第2行的数据
项目       直接人工
1月    2456.474602
2月    1398.416727
3月      17.086607
4月    4252.172925
5月    1662.571355
6月     757.960355
7月    4687.291559
8月    4925.950168
Name: 1, dtype: object
```

```
显示前2行数据
      项目          1月          2月    ...          6月          7月          8月
0  直接材料  3634.151740  7868.213090  ...  8650.496086  8355.003762  5241.546475
1  直接人工  2456.474602  1398.416727  ...   757.960355  4687.291559  4925.950168

[2 rows x 9 columns]
显示后2行数据
        项目        1月          2月    ...        6月         7月    8月
7  直接人工比重  20.913871  102.745563  ...  13.430844  35.762879  0.0
8  制造费用比重   2.640059   50.931422  ...   6.641661   2.394886  0.0
```

```
抽取直接成本
              1           2
项目        直接人工       制造费用
1月    2456.474602   310.092629
2月    1398.416727   693.201253
3月      17.086607   951.175564
4月    4252.172925   893.049119
5月    1662.571355   902.670146
6月     757.960355   374.817493
7月    4687.291559   313.887733
8月    4925.950168   216.633286
```

```
抽取1月、6月
           1月          6月
0  3634.151740  8650.496086
1  2456.474602   757.960355
2   310.092629   374.817493
3   980.879892   219.992511
4   124.445275   101.759895
5     7.882018     2.161878
6    30.940348   153.284357
7    20.913871    13.430844
8     2.640059     6.641661
```

四、数据分类

数据分类是指将数据进行自定义分类，Pandas 提供了 cut 函数用于实现数据分类，该函数的调用格式如下：

```
pd.cut( x, bins, right=True,
        labels=None, retbins=False, precision=3,
        include_lowest=False, duplicates='raise' )
```

参数说明：

- x：一维数组。
- bins：标量序列或间隔索引，如果输入整数 n，则表示将 x 中的数值分成等宽的 n 份；如果是标量序列，则序列中的数值表示分界值；如果是间隔索引，则 bins 的间隔索引必须不重叠。
- right：默认为 True，表示包含最右侧的数值，当 right = True 时，bins=［1,2,3,4］表示（1,2］，（2,3］，（3,4］；当 bins 是一个间隔索引时，该参数被忽略。
- labels：数组或布尔值，指定分箱的标签；如果是数组，则长度要与分箱个数一致，例如，bins=［1,2,3,4］表示（1,2］，（2,3］，（3,4］共 3 个区间，则 labels 的长度也就是标签的个数为 3；如果为 False，则仅返回分箱的整数指示符，即 x 中的数据在第几个间隔里；当 bins 是间隔索引时，则将忽略此参数。
- retbins：是否显示分箱的分界值，默认为 False。当 bins 取整数时，可以设置 retbins=True，以显示分界值，得到划分后的区间。
- precision：整数，默认为 3，存储和显示分箱标签的精度。
- include_lowest：设置区间的左边是开的还是闭的，默认为 False，不包含区间左边。
- duplicates：如果分箱临界值不唯一，则引发 ValueError。

案例——对产品成本按月份进行分类

解：PyCharm 程序如下：

```
# /usr/bin/env python3
# -*- coding: UTF-8 -*-
import numpy as np    # 导入 NumPy 模块库
import pandas as pd    # 导入 Pandas 模块库
import openpyxl    # 导入 openpyxl 模块库
# 输出数据列名与数据对齐方式
pd.set_option('display.unicode.east_asian_width', True)
# 输出数据列名与数据对齐方式
pd.set_option('display.unicode.east_asian_width', True)
# 读取 xlsx 文件
frame = pd.read_excel('D:\\NewPython\\产品成本分析表.xlsx')
#分成 3 箱并指定标签
datacut = pd.cut(frame['1月份'],bins=3,labels=['低','中','高'])
```

```
# 首尾合并，直接相连
res3 = pd.concat([frame['1月份'],datacut],axis =1)
print('*'*10,'产品成本','*'*10)
print(res3)
```

运行结果如下：

```
********** 产品成本 **********
         1月份  1月份
0  3634.151740   高
1  2456.474602   高
2   310.092629   低
3   980.879892   低
4   124.445275   低
5     7.882018   低
6    30.940348   低
7    20.913871   低
8     2.640059   低
```

五、数据排序

通过数据排序，我们可以发现一些关于数据的特征或趋势，同时，数据排序本身就是数据分析的目的之一。美国的《财富》杂志每年都要公布世界 500 强企业，通过这些信息，相关企业不仅可以了解自己实力的排名，清楚自身与其他企业的差距，还可以从侧面了解竞争对手的状况，有效制订企业的发展规划和战略目标。

数据排序是指按一定顺序将数据排列，Pandas 提供了 sort_values 函数用于根据行、列数据进行排序。该函数的调用格式如下：

```
DataFrame.sort_values(by, axis=0,
                      ascending=True,
                      inplace=False,
                      kind='quicksort',
                      na_position='last')
```

参数说明：

● by：如果 axis=0，则 by="列名"；如果 axis=1，则 by="行名"。

● axis：默认按照列排序，即纵向排序；如果 axis=1，则采用横向排序。

● ascending：True 表示升序，如果 by=['列名 1','列名 2']，则该参数可以是[True, False]，即第一字段升序，第二字段降序。

● inplace：选择是否用排序后的数据替换现有的数据，默认不替换。

● kind：排序方法，包括 quicksort（快速排序）、mergesort（混合排序）、heapsort（堆叠排序），默认为 quicksort。

● na_position：缺失值的排列顺序，可选值为 first、last，默认为 last（缺失值排在最后面）。

案例——试对企业基本开销支出进行排序

2021 年某企业基本开销支出数据如表 4-7 所示，利用 sort_values 函数进行排序。

表 4-7　2021 年某企业基本开销支出数据　　　　　　单位：元

项目	员工工资	福利支出	税费	通信宽带费	硬件软件费	房租水电	推广费	原料费	其他费用
一季度	172 300	1 141	1 373	1 316	1 027	1 297	1 166	1 047	1 151
二季度	159 700	1 819	1 272	1 452	1 795	1 729	1 210	1 811	2 000
三季度	113 900	1 746	1 287	1 870	1 457	1 478	1 189	1 361	1 472
四季度	127 000	1 218	1 574	1 432	1 025	1 340	1 668	1 805	1 995

解： PyCharm 程序如下：

```python
# /usr/bin/env python3
# -*- coding: UTF-8 -*-
import numpy as np    # 导入 NumPy 模块
import pandas as pd   # 导入 Pandas 模块
import openpyxl       # 导入 openpyxl 模块
# 输出数据列名与数据对齐方式
pd.set_option('display.unicode.east_asian_width', True)
# 定义字典
data0 = [[172300,159700,113900,127000],\
        [1141,1819,1746,1218],\
        [1373,1272,1287,1574],\
        [1316,1452,1870,1432]]
data = pd.DataFrame(data0)
data.columns = ['员工工资','福利支出','税费','通信宽带费']
data.index = ['一季度','二季度','三季度','四季度']
# 写入 xlsx 文件
excel_data = data.to_excel('D:\\NewPython\\2021年某企业基本开销支出表.xlsx')
print('*'*10,'2021年某企业基本开销支出','*'*10)
print('原始数据',data,sep='\n')
print('按员工工资列升序排序',data.sort_values(by='员工工资',axis=0),sep='\n')
print('按三季度行升序排序',data.sort_values(by='三季度',axis=1),sep='\n')
print('按税费列降序排序',data.sort_values(by=['税费','福利支出'],\
                    ascending=[False,True]),sep='\n')
print('员工工资混合排序',data.sort_values(by='员工工资',kind='mergesort'),
sep='\n')
    print('员工工资堆叠排序',data.sort_values(by='员工工资',kind='heapsort'),
sep='\n')
```

运行结果如下：

********** 2021年某企业基本开销支出 **********
原始数据

	员工工资	福利支出	税费	通信宽带费
一季度	172300	159700	113900	127000
二季度	1141	1819	1746	1218
三季度	1373	1272	1287	1574
四季度	1316	1452	1870	1432

按员工工资列升序排序

	员工工资	福利支出	税费	通信宽带费
二季度	1141	1819	1746	1218
四季度	1316	1452	1870	1432
三季度	1373	1272	1287	1574
一季度	172300	159700	113900	127000

员工工资混合排序

	员工工资	福利支出	税费	通信宽带费
二季度	1141	1819	1746	1218
四季度	1316	1452	1870	1432
三季度	1373	1272	1287	1574
一季度	172300	159700	113900	127000

员工工资堆叠排序

	员工工资	福利支出	税费	通信宽带费
二季度	1141	1819	1746	1218
四季度	1316	1452	1870	1432
三季度	1373	1272	1287	1574
一季度	172300	159700	113900	127000

按三季度行升序排序

	福利支出	税费	员工工资	通信宽带费
一季度	159700	113900	172300	127000
二季度	1819	1746	1141	1218
三季度	1272	1287	1373	1574
四季度	1452	1870	1316	1432

按税费列降序排序

	员工工资	福利支出	税费	通信宽带费
一季度	172300	159700	113900	127000
四季度	1316	1452	1870	1432
二季度	1141	1819	1746	1218
三季度	1373	1272	1287	1574

Pandas 中的其他数据排序函数如表 4-8 所示。

表 4-8 其他数据排序函数

函数名	说明
Series.sort_index(ascending=True)	根据索引返回已排序的新对象
Series.order(ascending=True)	根据值返回已排序的对象，NaN 值在末尾
Series.rank(method='average', ascending=True, axis=0)	为各组分配一个平均排名，排名方法 method 的选项如下。 average：为各个值计算平均排名； max、min：排名位于整数排名之间时，取最大排名或最小排名，若平均排名为 2.5，则最大排名为 3.0，最小排名为 2.0； first：按值在原始数据中出现的顺序排名

案例——对全年销售人员业绩进行排序

某快递公司的快递员全年销售业绩如表 4-9 所示。

表 4-9 某快递公司的快速员全年销售业绩　　　　　　单位：元

姓名	1月	2月	3月	4月	5月	6月	7月	8月	9月	10月	11月	12月
张1	878	1 121	1 038	1 169	1 296	797	784	1 225	716	1 145	1 004	1 096
张2	1 068	987	1 256	1 289	1 348	1 260	1 327	952	1 008	988	1 331	1 240
张3	513	463	498	687	859	1 047	1 097	1 218	626	647	786	1 005
张4	756	795	856	781	904	984	820	803	680	856	786	785

解：PyCharm 程序如下：

```
# /usr/bin/env python3
# -*- coding: UTF-8 -*-
import numpy as np    # 导入 NumPy 模块库
import pandas as pd    # 导入 Pandas 模块库
import openpyxl    # 导入 openpyxl 模块库
# 输出数据列名与数据对齐方式
pd.set_option('display.unicode.east_asian_width', True)
# 读取 xlsx 文件
data = pd.read_excel('D:\\NewPython\\全年销售业绩.xlsx',\
                     index_col=0)
print('*'*10,'全年销售业绩','*'*10)
print('原始数据',data,sep='\n')
print('按"行标签"升序排序',data.sort_index(),sep='\n')
print('按"列标签"升序排序',data.sort_index(axis=1),sep='\n')
data1 = pd.Series(data.iloc[:,0])
print('根据1月份整理数据',data1,sep='\n')
print('按索引对应的数值的大小排序',data1.rank(),sep='\n')
print('按索引本身的顺序显示排序',data1.rank(ascending=False),sep='\n')
```

运行结果如下：

```
********** 全年销售业绩 **********
原始数据
           1月    2月    3月    4月    5月 ...    8月    9月   10月   11月   12月
月份\n 姓名                          ...
张1        878  1121  1038  1169  1296 ...  1225   716  1145  1004  1096
张2       1068   987  1256  1289  1348 ...   952  1008   988  1331  1240
张3        513   463   498   687   859 ...  1218   626   647   786  1005
张4        756   795   856   781   904 ...   803   680   856   786   785

[4 rows x 12 columns]
按"行标签"升序排序
           1月    2月    3月    4月    5月 ...    8月    9月   10月   11月   12月
月份\n 姓名                          ...
张1        878  1121  1038  1169  1296 ...  1225   716  1145  1004  1096
张2       1068   987  1256  1289  1348 ...   952  1008   988  1331  1240
张3        513   463   498   687   859 ...  1218   626   647   786  1005
张4        756   795   856   781   904 ...   803   680   856   786   785

[4 rows x 12 columns]
按"列标签"升序排序
           10月   11月   12月    1月    2月 ...    5月    6月    7月    8月    9月
月份\n 姓名                          ...
张1       1145  1004  1096   878  1121 ...  1296   797   784  1225   716
张2        988  1331  1240  1068   987 ...  1348  1260  1327   952  1008
张3        647   786  1005   513   463 ...   859  1047  1097  1218   626
```

| 张 4 | | 856 | 786 | 785 | 756 | 795 | ... | 904 | 984 | 820 | 803 | 680 |

```
[4 rows x 12 columns]
```
根据1月份整理数据

月份\n 姓名

```
张 1     878
张 2    1068
张 3     513
张 4     756
Name: 1月, dtype: int64
```
按索引对应的数值的大小排序

月份\n 姓名

```
张 1     3.0
张 2     4.0
张 3     1.0
张 4     2.0
Name: 1月, dtype: float64
```
按索引本身的顺序显示排序

月份\n 姓名

```
张 1     2.0
张 2     1.0
张 3     4.0
张 4     3.0
Name: 1月, dtype: float64
```

六、统计分组

统计分组是统计学的基本统计方法之一，能够使零散的资料系统化。在取得完整、正确的统计资料的前提下，统计分组的优劣是决定整个数据统计成败的关键，它直接关系到数据分析的质量。例如，将一所学校里的人，根据老师、学生、男性、女性、年龄、成绩、特长等属性，进行分类统计。

1. groupby 函数

Pandas 中的 groupby 函数用于对 DataFrame 对象进行分组，该函数的调用格式如下：

```
DataFrame.groupby(by = None,
                  axis=0,
                  level = None,
                  as_index=True,
                  sort=True,
                  group_keys=True,
                  squeeze=False)
```

参数说明：

- by：映射、字典或 Series 对象、数组、标签或标签列表。
- axis：axis=1 表示行，axis=0 表示列，默认值为 0。
- level：表示索引层级，默认为 None。
- as_index：布尔型，默认为 True，返回以组标签为索引的对象。
- sort：对组进行排序，默认为 True。
- group_keys：默认为 True，调用 apply 函数时，将分组的键添加到索引以标识片段。
- squeeze：默认为 False，减少返回类型的维度。

分组可以帮助我们更清晰地了解数据的组成及规律，分组的方式包括使用 Series、使用列名、使用外部的数据、使用多个列、使用字典、使用函数、使用索引。

groupby 函数可以返回包含有关组的信息的 groupby 对象，利用 groups 属性函数可以查看分组的信息，从返回的结果中可以看到不同分组的样本在原数据框中的索引，如表 4-10 所示。

表 4-10　groups 函数

函数名	说明
get_group()	获得指定分组的数据
head() tail()	获得分组后每个组头、尾的若干元素
nth ()	获得每个分组的若干元素

案例——根据性别、开户行统计银行账户

已知某家政公司各员工银行账户记录如表 4-11 所示。

表 4-11　某家政公司各员工银行账户记录　　　　　　　　　　　　　　　　　　单位：元

序号	姓名	性别	职务	开户名	开户行	账号	账户核算内容	备注
1	朱华	男	部门经理	朱小华	中国工商银行	6222 0312 0003 6809 290	6 400.00	工资
2	丁香	女	职员	丁香	中国邮政储蓄银行	6221 8709 1234 3456 789	5 100.00	工资
3	杨林	男	职员	杨林	中国农业银行	6228 4808 2099 1786 769	5 500.00	工资
4	刘玲	女	职员	刘玲	中国农业银行	6228 4819 2039 2585 234	5 500.00	工资
5	高尚	男	主管	高尚	中国建设银行	5264 1080 1879 5480	6 700.00	工资
6	李想	女	职员	李想	中国工商银行	6223 0812 0103 9809 256	5 500.00	工资
7	林龙	男	助理	林龙	中国银行	6013 8209 0012 4356 546	3 700.00	工资
8	云兰	女	职员	云兰	中国建设银行	6213 5667 7892 2340 123	5 500.00	工资
9	张扬	女	职员	张扬	中国工商银行	6222 0313 0403 6839 233	5 500.00	工资
10	周默	男	部门经理	周默	中国工商银行	6222 4312 0893 4509 280	6 400.00	工资
11	夏天	男	助理	夏天	中国银行	6013 8209 0012 4356 546	3 700.00	工资

解：PyCharm 程序如下：

```
# /usr/bin/env python3
# -*- coding: UTF-8 -*-
import numpy as np      # 导入 NumPy 模块库
import pandas as pd     # 导入 Pandas 模块库
```

```
import openpyxl      # 导入openpyxl模块库
# 输出数据列名与数据对齐方式
pd.set_option('display.unicode.east_asian_width', True)
# 读取xlsx文件
data = pd.read_excel('D:\\NewPython\\某家政公司各员工银行账户记录.xlsx')
print('*'*10,'某家政公司各员工银行账户记录','*'*10)
print(data)
# 查看分组成绩具体信息
for name, num in data.groupby('性别'):
    print (name)
    print (num)
for name, num in data.groupby('开户行'):
    print (name)
    print (num)
```

运行结果如下：

```
********** 某家政公司各员工银行账户记录 **********
    序号 姓名 性别     职务   ...          账号          Unnamed: 7 账户核算内容 备注
0   1   朱华  男   部门经理  ...  6222 0312 0003 6809 290   NaN      6400    工资
1   2   丁香  女    职员   ...  6221 8709 1234 3456 789   NaN      5100    工资
2   3   杨林  男    职员   ...  6228 4808 2099 1786 769   NaN      5500    工资
3   4   刘玲  女    职员   ...  6228 4819 2039 2585 234   NaN      5500    工资
4   5   高尚  男    主管   ...    5264 1080 1879 5480     NaN      6700    工资
5   6   李想  女    职员   ...  6223 0812 0103 9809 256   NaN      5500    工资
6   7   林龙  男    助理   ...  6013 8209 0012 4356 546   NaN      3700    工资
7   8   云兰  女    职员   ...  6213 5667 7892 2340 123   NaN      5500    工资
8   9   张扬  女    职员   ...  6222 0313 0403 6839 233   NaN      5500    工资
9   10  周默  男   部门经理  ...  6222 4312 0893 4509 280   NaN      6400    工资
10  11  夏天  男    助理   ...  6013 8209 0012 4356 546   NaN      3700    工资

[11 rows x 10 columns]
女
   序号 姓名 性别  职务  ...          账号          Unnamed: 7 账户核算内容 备注
1  2   丁香  女   职员  ...  6221 8709 1234 3456 789   NaN      5100    工资
3  4   刘玲  女   职员  ...  6228 4819 2039 2585 234   NaN      5500    工资
5  6   李想  女   职员  ...  6223 0812 0103 9809 256   NaN      5500    工资
7  8   云兰  女   职员  ...  6213 5667 7892 2340 123   NaN      5500    工资
8  9   张扬  女   职员  ...  6222 0313 0403 6839 233   NaN      5500    工资

[5 rows x 10 columns]
男
   序号 姓名 性别    职务   ...          账号          Unnamed: 7 账户核算内容 备注
0  1   朱华  男   部门经理  ...  6222 0312 0003 6809 290   NaN      6400    工资
2  3   杨林  男    职员   ...  6228 4808 2099 1786 769   NaN      5500    工资
4  5   高尚  男    主管   ...    5264 1080 1879 5480     NaN      6700    工资
6  7   林龙  男    助理   ...  6013 8209 0012 4356 546   NaN      3700    工资
9  10  周默  男   部门经理  ...  6222 4312 0893 4509 280   NaN      6400    工资
```

| 10 | 11 | 夏天 | 男 | 助理 | ... | 6013 8209 0012 4356 546 | NaN | 3700 | 工资 |

[6 rows x 10 columns]
中国农业银行

	序号	姓名	性别	职务	...	账号	Unnamed: 7	账户核算内容	备注
2	3	杨林	男	职员	...	6228 4808 2099 1786 769	NaN	5500	工资
3	4	刘玲	女	职员	...	6228 4819 2039 2585 234	NaN	5500	工资

[2 rows x 10 columns]
中国工商银行

	序号	姓名	性别	职务	...	账号	Unnamed: 7	账户核算内容	备注
0	1	朱华	男	部门经理	...	6222 0312 0003 6809 290	NaN	6400	工资
5	6	李想	女	职员	...	6223 0812 0103 9809 256	NaN	5500	工资
8	9	张扬	女	职员	...	6222 0313 0403 6839 233	NaN	5500	工资
9	10	周默	男	部门经理	...	6222 4312 0893 4509 280	NaN	6400	工资

[4 rows x 10 columns]
中国建设银行

	序号	姓名	性别	职务	...	账号	Unnamed: 7	账户核算内容	备注
4	5	高尚	男	主管	...	5264 1080 1879 5480	NaN	6700	工资
7	8	云兰	女	职员	...	6213 5667 7892 2340 123	NaN	5500	工资

[2 rows x 10 columns]
中国银行

	序号	姓名	性别	职务	...	账号	Unnamed: 7	账户核算内容	备注
6	7	林龙	男	助理	...	6013 8209 0012 4356 546	NaN	3700	工资
10	11	夏天	男	助理	...	6013 8209 0012 4356 546	NaN	3700	工资

[2 rows x 10 columns]
中国邮政储蓄银行

	序号	姓名	性别	职务	...	账号	Unnamed: 7	账户核算内容	备注
1	2	丁香	女	职员	...	6221 8709 1234 3456 789	NaN	5100	工资

[1 rows x 10 columns]

2. agg 函数

分组最主要的作用就是对每个组别进行分组描述，简单来说就是将一系列复杂的数据用几个具有代表性的数据进行描述，进而能够直观地解释数据的规律。agg 函数用来分别计算分组后每个组的最大值、最小值、和，数据计算函数如表 4-12 所示。

表 4-12　数据计算函数

函数名	说明
max()	计算分组后，每个组的最大值
min()	计算分组后，每个组的最小值
sum()	计算分组后，每个组的和
prod()	计算分组后，每个组的乘积

案例——已知家政公司银行账户记录表，试通过开户行分组，根据性别计算和、最大值、最小值和乘积

解：PyCharm 程序如下：

```python
# /usr/bin/env python3
# -*- coding: UTF-8 -*-
import numpy as np   # 导入 NumPy 模块库
import pandas as pd   # 导入 Pandas 模块库
import openpyxl   # 导入 openpyxl 模块库
# 输出数据列名与数据对齐方式
pd.set_option('display.unicode.east_asian_width', True)
# 读取 xlsx 文件
data = pd.read_excel('D:\\NewPython\\家政公司银行账户记录表.xlsx')
print('*'*10,'家政公司银行账户记录表计算','*'*10)
print (data.groupby('开户行').head(1))   # 每个组头两个元素
print (data.groupby('开户行').tail(1))   # 每个组末尾两个元素
print (data.groupby('开户行').agg(['max','min','prod','sum']))
```

运行结果如下：

```
********** 家政公司银行账户记录表计算 **********
   序号 姓名 性别    职务 ...           账号     Unnamed: 7 账户核算内容 备注
0   1  朱华  男  部门经理 ... 6222 0312 0003 6809 290  NaN   6400  工资
1   2  丁香  女    职员 ... 6221 8709 1234 3456 789  NaN   5100  工资
2   3  杨林  男    职员 ... 6228 4808 2099 1786 769  NaN   5500  工资
4   5  高尚  男    主管 ...    5264 1080 1879 5480  NaN   6700  工资
6   7  林龙  男    助理 ... 6013 8209 0012 4356 546  NaN   3700  工资

[5 rows x 10 columns]
    序号 姓名 性别    职务 ...           账号     Unnamed: 7 账户核算内容 备注
1    2  丁香  女    职员 ... 6221 8709 1234 3456 789  NaN   5100  工资
3    4  刘玲  女    职员 ... 6228 4819 2039 2585 234  NaN   5500  工资
7    8  云兰  女    职员 ... 6213 5667 7892 2340 123  NaN   5500  工资
9   10  周默  男  部门经理 ... 6222 4312 0893 4509 280  NaN   6400  工资
10  11  夏天  男    助理 ... 6013 8209 0012 4356 546  NaN   3700  工资

[5 rows x 10 columns]
              序号            ... 账户核算内容
          max min prod sum ...  max  min         prod   sum
开户行                         ...
中国农业银行   4   3  12   7 ... 5500 5500       30250000 11000
中国工商银行  10   1 540  26 ... 6400 5500 1239040000000000 23800
中国建设银行   8   5  40  13 ... 6700 5500       36850000 12200
中国银行     11   7  77  18 ... 3700 3700       13690000  7400
邮政储蓄     2   2   2   2 ... 5100 5100           5100  5100

[5 rows x 12 columns]
```

任务二 // 图表结构

任务引入

公司召开调研会之前，小明需要创建图表，进行可视化分析。那么，在 Python 中，图表如何创建呢？图表由什么组成呢？

知识准备

在开始学习 Matplotlib 可视化图表之前，有必要先对图表的结构有一个初步的认识。图表的基本组成示例如图 4-2 所示。

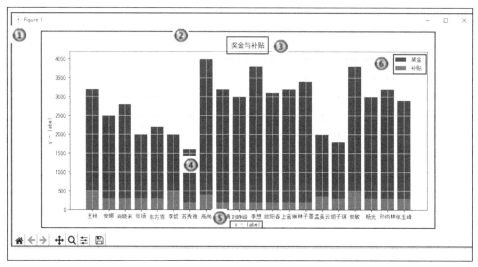

图 4-2　图表的基本组成示例

● 图表区①：整个图表及其包含的元素。
● 绘图区②：以坐标轴为界并包含全部数据系列的区域。
● 图表标题③：概括图表内容的文字，常用的功能有设置字体、设置字号及设置颜色位置等。
● 数据系列④：在数据区域内，同一列或同一行数值数据的集合构成一组到多组的数据系列，也就是图表中相关数据点的集合。
● 坐标轴及坐标标签⑤：坐标轴是表示数值大小及分类的垂直水平组合线，组合线上面有标定的数值，分为水平坐标轴和垂直坐标轴。一般情况下，水平坐标轴（x 轴）表示数据的分类，坐标轴标题用来说明坐标轴的分类及内容。
● 图例⑥：指示图表中系列区域的符号、颜色或形状，定义数据系列所代表的内容。

图例由两部分构成，即图例表示和图例项。

● 文本标签：为数据系列添加说明文字。

● 网格线：贯穿绘图区的线条。网格线可被添加到图表中，以便查看和计算数据，网格线是坐标轴上刻度线的延伸，并穿过绘图区。主要网格线用于呈现坐标轴的主要间距，用户还可在图表上添加次要网格线，用于呈现主要间距之间的距离。

一、Figure 图表窗口

在 Pyplot 中，figure 函数用来创建空白图表窗口，该函数的调用格式如下：

```
plt.figure(num=None,
           figsize=None,
           dpi=None,
           facecolor=None,
           edgecolor=None,
           frameon=True)
```

参数说明：

● num：指定图表编号或名称，数字为编号，字符串为名称。

● figsize：指定图表的宽和高，单位为英寸。

● dpi：指定绘图对象的分辨率，即每英寸多少个像素，默认值为 80，1 英寸等于 2.5 厘米，A4 纸是尺寸为 21 cm×30 cm 的纸张。

● facecolor：背景颜色。

● edgecolor：边框颜色。

● frameon：是否显示边框。

当执行 figure 命令时，不显示图表窗口，需要使用 plt.show 函数，系统会自动创建一个新的图表窗口，如图 4-3 所示。若之前已经有图表窗口打开，那么系统会将图形画在最近打开过的图表窗口中，原有图形也将被覆盖。

图 4-3　图表窗口

Python 财务基础

subplot 函数用于创建带坐标系的图表窗口，如图 4-4 所示。

```
ax=plt.subplot()
```

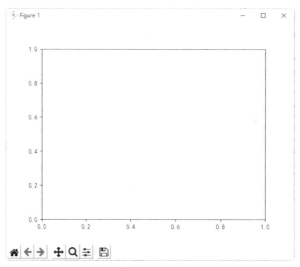

图 4-4　带坐标系的图表窗口

在 Pyplot 中，gcf 函数可以获取当前图表窗口 Figure 的句柄。该函数的调用格式如下：

```
fig = plt.gcf()
```

使用 fig.add_subplot 函数可以在当前图表窗口中添加坐标系，subplots 函数可以一次生成多个绘图区，如图 4-5 和图 4-6 所示，它们的调用格式如下：

```
ax=plt.subplots(2,2)  #创建两行两列的坐标系
# 创建 3 行 4 列的坐标系，在图表窗口中添加第 5 个坐标系
fig=plt.figure()
fig.add_subplot(3,4,5)
```

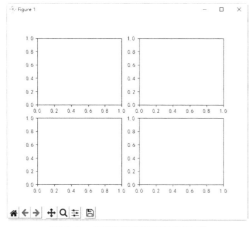

图 4-5　创建两行两列的坐标系

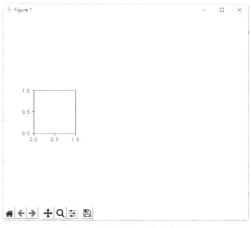

图 4-6　添加第 5 个坐标系

二、坐标系

坐标系是被横、纵坐标轴围起来的部分，包括中间的数据系列区、坐标轴、坐标刻度、坐标标签等。

Pyplot 中的绘图函数可根据要绘制的曲线自动选择合适的坐标系，使曲线尽可能清晰地显示出来。因此，一般情况下，用户不必自己选择绘图坐标系。但是对于部分图形，如果用户感觉自动选择的坐标系不合适，则可以利用 axes 函数设置新的坐标系。该函数的调用格式如下：

```
plt.axes(arg=None, **kwargs)
```

参数说明：
- arg：包含 None 或 4 个 float 类型的元组，None 表示新的坐标轴；4 个元组表示新坐标轴的位置。
- ** kwargs：多个关键字参数，最常见的包括 facecolor、gid、in_layout、label、position、xlim、ylim 等。

三、坐标轴

axis 命令用于控制坐标轴的显示、刻度、长度等特征，它有很多种使用方式，axis 命令的使用格式如表 4-13 所示。

表 4-13　axis 命令的使用格式

调用格式	说明
xmin, xmax, ymin, ymax = axis()	返回当前坐标轴的 x 轴与 y 轴的范围
xmin, xmax, ymin, ymax = axis([xmin, xmax, ymin, ymax])	设置新的坐标轴的 x 轴与 y 轴的范围
xmin, xmax, ymin, ymax = axis(option)	根据指定的选项（option）设置坐标轴属性，选项参数如表 4-14 所示

表 4-14　选项参数

参数值	说明
on	显示坐标轴上的标记、单位和格栅
off	关闭所用坐标轴上的标记、单位和格栅
equal	使每个方向的数据单位都相同，其中 x 轴、y 轴与 z 轴将根据所给数据在各个方向的数据单位自动调整其纵横比
scaled	通过更改坐标轴的尺寸设置相等的缩放比率
tight	把坐标轴的范围定为数据的范围
auto	自动计算当前轴的范围
image	效果与 scaled 相同，只是图形区域刚好包围图形数据
square	设置当前图形为正方形，并且 x 轴和 y 轴范围相同

1. 坐标轴刻度范围

在 Python 中还可以对坐标轴的刻度范围进行设置或查询，x 轴、y 轴相应的命令分别为 xlim、ylim，它们的调用格式都是一样的，与 axes 函数相同，这里不再赘述。

2. 双坐标轴坐标系

在数据分析的过程中，有时需要同时展示两组数据，因此需要建立双坐标轴。在 Python 中，ax.twinx 函数用于创建一个双坐标轴坐标系。

3. 图形标注

Python 提供了一些常用的图形标注函数，利用这些函数可以为图形添加标题，也可以把说明、注释等文本放在图形的任何位置上，具体函数如表 4-15 所示。

表 4-15　图形标注函数

函数名	说明
plt.title()	标注标题
plt.xlabel() plt.ylabel()	标注坐标轴名称
plt. xticks() plt. yticks()	标注坐标轴刻度
plt. legend()	标注图例
plt.text() plt.annotate()	标注图形
plt. grid()	控制网格线

4. 坐标轴属性

在 Pyplot 中，gca 函数用于获取当前坐标轴 axis 的句柄。该函数的调用格式如下：

```
fig = plt.gcf()
ax = plt.gca()
```

可以通过调用句柄对坐标轴进行各种设置，包括控制坐标轴的刻度、长度等特征，常用的坐标轴函数如表 4-16 所示。

表 4-16　坐标轴函数

函数名	说明
ax.set_ylim()	设置 y 坐标轴范围
ax.set_xlim()	设置 x 坐标轴范围
ax.set_xticks()	设置 x 坐标轴刻度

续表

函数名	说明
ax.set_yticks()	设置 y 坐标轴刻度
ax.grid()	设置网格样式
ax.spines()	设置边框，有 4 种选项，分别为 left、right、top、bottom
ax.set_color()	设置颜色
ax.fill	填充图形
ax.label	设置标签
ax.xaxis.set_ticks_position()	设置 x 坐标轴的刻度或名称的位置
ax.yaxis.set_ticks_position()	设置 y 坐标轴的刻度或名称的位置

任务三　可视化图表

任务引入

在调研会上，小明展示了可视化报表，直观明了，得到同事的一致好评。那么，可视化图表包括哪些？如何进行绘制呢？

知识准备

数据可视化分析实质上是可视化图表的创建，可视化图表可将数据之间的复杂关系用图形表示出来，能够更加直观、形象地反映数据的趋势和对比关系，使数据易于阅读。

一、绘制折线图

在折线图中，将每个数据点连接起来，以显示数据的变化趋势。通常情况下，类别数据沿水平轴均匀分布，数值数据沿垂直轴均匀分布。

plot 函数是最基本的绘图函数，可用来绘制折线图。该函数的调用格式如下：

```
plt.plot(x,y,format_string,**kwargs)
```

参数说明：

- x：x 轴上的值。
- y：y 轴上的值。
- format_string：控制曲线的格式字符串，包括线型、颜色、标记。

Python 财务基础

- ● **kwargs：第二组或更多绘制点参数（x,y,format_string），使用下面的参数控制曲线样式。
  - ■ color：颜色，如 color='green'。
  - ■ linestyle：线条风格，如 linestyle='dashed'。
  - ■ marker：标记风格，如 marker='o'。
  - ■ markerfacecolor：标记颜色，如 markerfacecolor='blue'。
  - ■ markersize：标记尺寸，如 markersize=20。

format_string 是使用单引号标记的字符串，用来设置所画数据点的类型、大小、颜色，以及数据点之间连线的类型、粗细、颜色等。在实际应用中，format_string 是某些字母或符号的组合，可以省略。省略该值时将由系统默认设置，即曲线一律采用"实线"线型，不同的曲线将按蓝、绿、红、青、品红、黄、黑顺序着色。

format_string 的线型符号及说明如表 4-17 所示，颜色控制字符如表 4-18 所示，标记控制字符如表 4-19 所示。

表 4-17　线型符号及说明

线型符号	符号含义	线型符号	符号含义
–	实线（默认值）	.	点线
– –	虚线	-.	点划线

表 4-18　颜色控制字符

字符	色彩	RGB 值
b(blue)	蓝色	001
g(green)	绿色	010
r(red)	红色	100
c(cyan)	青色	011
m(magenta)	品红	101
y(yellow)	黄色	110
k(black)	黑色	000
w(white)	白色	111

表 4-19　标记控制字符

字符	数据点	字符	数据点
+	加号	>	向右三角形
o	实心小圆圈	<	向左三角形
*	星号	s	正方形
.	实点	h	竖六边形
x	交叉号	p	正五角星
d	菱形	v	向下三角形
^	向上三角形	,	像素标记（极小点）

续表

字符	数据点	字符	数据点
1	下花三角标记	2	上花三角标记
3	左花三角标记	4	右花三角标记
H	横六边形	|	垂直线标记

案例——绘制销售额折线图

淘宝店产品包括 3 种分类：食品类、玩具类、饰品类。淘宝店 2019 年全国销售额如表 4-20 所示，通过绘制折线图，描述销售数据的发展趋势。

表 4-20 淘宝店 2019 年全国销售额 单位：万元

月份	食品类销售额	玩县类销售额	饰品类销售额
1	4 455	4 211	3 077
2	4 296	4 263	1 480
3	6 489	2 229	4 460
4	4 986	4 010	5 822
5	7 922	3 085	4 285
6	5 785	3 358	5 068
7	7 002	4 449	398
8	7 695	4 674	11 103
9	5 147	2 523	3 133
10	5 241	3 141	2 331
11	6 533	2 253	4 057
12	1 994	1 190	2 993

解： PyCharm 程序如下：

```python
# /usr/bin/env python3
# -*- coding: UTF-8 -*-
import numpy as np    # 导入 NumPy 模块库
import pandas as pd   # 导入 Pandas 模块库
import openpyxl       # 导入 openpyxl 模块库
import matplotlib.pyplot as plt  # 导入 matplotlib.pyplot 模块
# 读取 xlsx 文件
data = pd.read_excel('D:\\NewPython\\淘宝店 2019 年全国销售额.xlsx')
plt.rcParams['font.sans-serif'] = ['SimHei']   # 解决中文乱码
x = np.linspace(1,13,12)
xt = data['月份']
y1 = data['食品类销售额']
y2 = data['玩具类销售额']
y3 = data['饰品类销售额']
plt.plot(x,y1,color='red',marker='*',linestyle='-',label='食品类')
plt.plot(x,y2,color='blue',marker='*',linestyle='-',label='玩具类')
plt.plot(x,y3,color='green',marker='*',linestyle='-',label='饰品类')
# 在右上角添加图例
plt.legend(loc = 1)
```

```
# 添加标题
label = '销售业绩表数据分析折线图'
plt.title(label,fontsize=20,\
            fontweight='heavy',loc ='center')
# 设置坐标轴刻度
plt.xticks(x,xt,color='blue')
plt.show()
```

运行结果如图 4-7 所示。

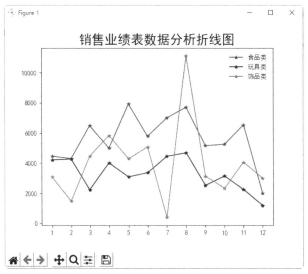

图 4-7　销售额折线图

二、绘制柱形图

柱形图一般用于显示一段时间内的数据变化，柱形越矮则数值越小，柱形越高则数值越大。柱形图简明、醒目，是一种常用的统计图表。

柱形图主要有二维柱形图、三维柱形图、圆柱图、圆锥图和棱锥图。堆积柱形图是特殊的柱形图，不仅可以显示同类别中每种数据的大小，还可以显示总量的大小。

在 Pyplot 中，bar 函数用来绘制各种柱形图。该函数的调用格式如下：

```
plt.bar(x, height, width=0.8, bottom=None, *, align='center', data=None,
**kwargs)
```

参数说明：

● x：柱形图的 x 轴数据。

● height：柱形图的高度。

● width：柱形图的宽度。

● bottom：底座的 y 坐标，默认值为 0。

● align：柱形图与 x 坐标的对齐方式。

● **kwargs：：其他参数，常用的参数及说明如表 4-21 所示。

表 4-21　常用的参数及说明

参数值	说明
bottom	用于绘制堆积柱形图
align	x 轴刻度标签的对齐方式
color	指定柱形图的颜色
edgecolor	指定柱形图边框的颜色
linewidth	指定柱形图边框的宽度
tick_label	指定柱形图的刻度标签
xerr, yerr	指定柱形图误差线的 x、y 轴误差
ecolor	指定柱形图误差线的颜色
capsize	误差线的长度
error_kw	将 kwargs 改为误差棒图 errorbar
log	是否对坐标轴进行 log 变换
orientation	柱形图的形式，其值为 vertical（垂直）或 horizontal（水平），默认为 vertical

案例——绘制收入与成本柱形图

商品销售收入与成本数据如表 4-22 所示，根据销售金额与成本金额绘制柱形图。

表 4-22　商品销售收入与成本数据

编码	名称	销售数量	销售金额	成本金额
14001	商品 1	50	250 000.00	110 000.00
14002	商品 2	40	260 000.00	120 000.00
14003	商品 3	15	180 000.00	120 000.00
14004	商品 4	47	18 800.00	11 280.00
14005	商品 5	25	22 250.00	12 500.00
14006	商品 6	42	294 000.00	189 000.00
14007	商品 7	20	150 000.00	96 000.00
14008	商品 8	50	750 000.00	550 000.00
14009	商品 9	36	151 200.00	93 600.00
14010	商品 10	45	171 000.00	99 000.00

解： PyCharm 程序如下：

```
# /usr/bin/env python3
# -*- coding: UTF-8 -*-
import numpy as np    # 导入 NumPy 模块库
import pandas as pd    # 导入 Pandas 模块库
import openpyxl    # 导入 openpyxl 模块库
import matplotlib.pyplot as plt    # 导入 matplotlib.pyplot 模块
# 读取 xlsx 文件
data = pd.read_excel('D:\\NewPython\\销售收入与成本统计表.xlsx')
plt.rcParams['font.sans-serif'] = ['SimHei']    # 解决中文乱码
```

```
x = np.linspace(1,11,10)
xt = data['名 称']
y1 = data['销售金额']
y2 = data['成本金额']
width = 0.25  # 柱形图的宽度
# 绘制柱形图
plt.bar(x,y1,width = width)
plt.bar(x+width,y2,width = width)
# 添加数字标签
for a,b in zip(x,y1):
    plt.text(a,b,b,ha='center',va='bottom',\
            fontsize=8,color=(0.1,0.2,0.5),\
            backgroundcolor='y',alpha=0.5)
for a,b in zip(x,y2):
    plt.text(a+width,b,b,ha='center',va='bottom',\
            fontsize=8,color=(0.1,0.2,0.5),\
            backgroundcolor='y',alpha=0.5)
# 在右上角添加图例
plt.legend(["销售金额","成本金额"],loc = 1)
# 添加标题
label = '销售收入与成本分析柱形图'
plt.title(label,fontsize=20,\
            fontweight='heavy',loc ='center')
# 设置坐标轴刻度
plt.xticks(x,xt,color='blue')
plt.show()
```

运行结果如图 4-8 所示。

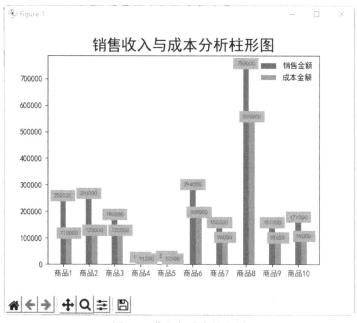

图 4-8　收入与成本柱形图

三、绘制饼图

在饼图中，通过扇形可以显示某一数据系列中每项数值在总和中的占比情况，每个扇形使用一种颜色进行填充，以便区分。

在 Pyplot 中，pie 函数用来绘制各种饼图。该函数的调用格式如下：

```
plt.pie(x, explode=None, labels=None, colors=None, autopct=None,
        pctdistance=0.6, shadow=False, labeldistance=1.1, startangle=None,
        radius=None, counterclock=True, wedgeprops=None, textprops=None,
        center=(0,0),frame=False,rotatelabels=False,normalize=None,data=None)
```

参数说明：

- x：每一块扇形的占比情况，如果输入值的和 sum(x) > 1，则会进行归一化处理。
- explode：每一块扇形间隔的距离。
- labels：饼图外侧显示的说明文字。
- autopct：控制饼图内的百分比，可以使用 format 字符串设置。
- pctdistance：类似于 labeldistance，指定 autopct 的位置刻度，默认值为 0.6。
- shadow：是否在饼图下面画一个阴影。默认值为 False，即不画阴影。
- labeldistance：label 标签的绘制位置，相对于半径的比例，默认值为 1.1，如果其值小于 1，则表示绘制在饼图内侧。
- startangle：起始绘制角度，默认是从 x 轴正方向逆时针开始绘制，如果设定 startangle=90，则从 y 轴正方向开始绘制。
- radius：控制饼图半径，默认值为 1。
- counterclock：指定指针方向，默认为 True，即逆时针；该参数为 False 时，表示顺时针。
- wedgeprops：传递给 wedge 对象的字典参数，默认值为 None。例如，wedgeprops={'linewidth':3}表示设置 wedge 的线宽为 3。
- textprops：设置标签（labels）的文字格式，使用 text 对象的字典参数。
- center：图标中心位置，默认为(0,0)。
- frame：默认为 False。如果是 True，则绘制带有表的轴框架。
- rotatelabels：说明标签文字旋转角度，默认为 False。如果为 True，则旋转每个标签 label 到指定的角度。
- normalize：对 x 数据是否进行归一化处理，默认为 None。
- data：设置函数是否包含返回值，默认为 None，没有返回值。

案例——绘制产品合格率饼图

为统计工厂的产品合格率，抽取 5 名工人在 4 月、5 月、6 月的产品合格率，如表 4-23 所示，绘制平均产品合格率的饼图。

表 4-23　5 名工人的产品合格率

编号	姓名	4 月	5 月	6 月	平均合格率
1	吴用	92.52	93.65	98.12	94.76
2	程绪	92.68	92.33	93.45	92.82
3	赵一冰	94.87	90.61	93.68	93.05
4	张若琳	91.45	95.86	98.99	95.43
5	李会朋	89.66	95.68	96.57	93.97

解： PyCharm 程序如下：

```
# /usr/bin/env python3
# -*- coding: UTF-8 -*-
import numpy as np    # 导入 NumPy 模块库
import pandas as pd    # 导入 Pandas 模块库
import openpyxl    # 导入 openpyxl 模块库
import matplotlib.pyplot as plt # 导入 matplotlib.pyplot 模块库
plt.rcParams['font.sans-serif'] = ['SimHei']  # 解决中文乱码
plt.rcParams["axes.unicode_minus"]=False  # 负号的正常显示
x = [94.76,92.82,93.05,95.43,93.97] # 定义数据
labels =['工人1','工人2','工人3','工人4','工人5']  # 定义标签
explode = (0.2,0.2,0.3,0.1,0.5)  # 分离饼图
# 绘制饼图，添加文本标签，设置标签字体与线宽，添加立体阴影
plt.pie(x,explode,autopct = '%1.2f%%',\
        labels=labels,shadow= True,\
        textprops={'fontsize':12},\
        wedgeprops={'linewidth':3})
# 添加标题
plt.title('产品合格率',fontsize=20,\
        fontweight='heavy',loc ='center')
plt.show()
```

运行结果如图 4-9 所示。

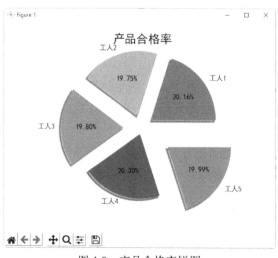

图 4-9　产品合格率饼图

四、绘制散点图

散点图是用于研究两个变量之间关系的经典图表，有两个坐标轴，沿水平轴（x 轴）方向显示一组数值数据，沿垂直轴（y 轴）方向显示另一组数值数据，在图中显示散点（坐标点），利用散点的分布形态反映变量的统计关系。

在 Pyplot 中，scatter 函数用来绘制散点图。该函数的调用格式如下：

```
plt.scatter(x, y, s=None, c=None,
            marker=None, cmap=None,
            norm=None, vmin=None, vmax=None,
            alpha=None, linewidths=None, verts=None,
            edgecolors=None, data=None, **kwargs)
```

参数说明：
- x,y：绘制散点图的散点，大小为(n,1)的数组。
- s：定义数组大小为(n,1)。
- c：表示散点图的标记的颜色，默认是 b（蓝色）。
- marker：散点图的标记的样式，默认是 o。
- cmap：散点图的颜色图，默认是 image.cmap。
- norm：指定密度。
- vmin，vmax：用来进行亮度数据的归一化。
- alpha：设置透明度，其值为 0～1。
- linewidths：标记点的长度。
- verts：3 组（x,y）的序列，即 3 个顶点，如果 marker 为 None，则这些顶点将用于构建标记。
- edgecolors：设置散点边框的颜色。
- data：控制函数的返回值，默认值为 None。
- **kwargs：其他参数。

案例——使用散点图分析原盐销售量累计值

根据文件"原盐销售数据.xlsx"中的原盐销售数据绘制散点图。

解：PyCharm 程序如下：

```python
# /usr/bin/env python3
# -*- coding: UTF-8 -*-
import numpy as np   # 导入 NumPy 模块库
import pandas as pd   # 导入 Pandas 模块库
import openpyxl    # 导入 openpyxl 模块库
import matplotlib.pyplot as plt  # 导入 matplotlib.pyplot 模块库
plt.rcParams['font.sans-serif'] = ['SimHei']   # 解决中文乱码
plt.rcParams["axes.unicode_minus"]=False   # 负号的正常显示
# 读取 xlsx 文件
data = pd.read_excel('D:\\NewPython\\原盐销售数据.xlsx')
```

```
plt.rcParams['font.sans-serif'] = ['SimHei']  # 解决中文乱码
plt.rcParams["axes.unicode_minus"]=False  # 负号的正常显示
x = np.linspace(1,14,13)
y = data['销售量累计值(万吨)']
# 定义每个点大小
s = np.abs(data['产销率同比增减(%)'])*10
# 绘制散点图，设置标记样式、边颜色、透明度、线宽
plt.scatter(x, y, s=s)
# 添加标题
plt.title('原盐销售量累计值散点图',fontsize=20,\
            color = 'r',fontweight='heavy',loc ='center')
plt.ylabel('销售量累计值')
plt.show()
```

运行结果如图 4-10 所示。

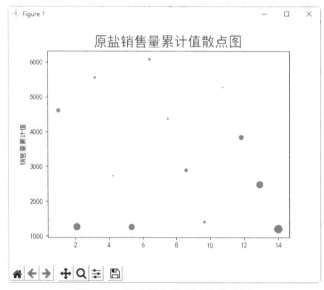

图 4-10   原盐销售量累计值散点图

五、绘制面积图

面积图是一种随时间变化而改变范围的图表，主要强调数量与时间的关系。例如，用某企业每个月销售额绘制面积图，从整个年度上进行分析，其面积图所占据的累计范围就是该企业的年效益。面积图能够直观地将累计的数据呈现给读者。

面积图比折线图看起来更加美观，能够突出每个系别所占据的面积，把握整体趋势。其不仅可以表示数量的多少，而且可以反映同一事物在不同时间里的发展变化情况；可以与其他系别进行纵向比较，能够直观地反映出差异；可以用于商务报表、数据汇报等场景。

面积图根据强调内容的不同，又可以分为以下 3 类。

（1）普通面积图：显示各种数值随时间或类别变化的趋势线。

（2）堆积面积图：显示每个数值所占大小随时间或类别变化的趋势线，可强调某个类别交于坐标轴上的数值的趋势线。

（3）百分比堆积面积图：显示每个数值所占百分比随时间或类别变化的趋势线，可强调每个系列的比例趋势线。

在 Pyplot 中，stackplot 函数用来绘制面积图。该函数的调用格式如下：

```
plt.stackplot(x,*args,labels=(),colors=None,baseline='zero',data=None,**kwargs)
```

参数说明：

- x：面积图的 x 轴数据。
- *args：面积图的多组数据。
- labels：图表中各项数据的标签。
- colors：每项数据的颜色。
- baseline：定义基线，可选值为'zero'、'sym'、'wiggle'和'weighted_wiggle'。'zero'表示基线不变。'sym'表示基线关于 0 对称。
- data：控制函数的返回值，默认为 None。
- **kwargs：其他参数。

案例——使用面积图分析月收入

某公司 2015—2019 年的上半年月支出数据如表 4-24 所示，根据这些数据绘制面积图。

表 4-24　上半年月支出数据　　　　　　　　　　　　　　　　　单位：万元

年份	一月	二月	三月	四月	五月	六月
2015	66	62	72	75	56	74
2016	70	52	80	72	66	84
2017	76	72	82	79	68	80
2018	78	58	83	73	65	83
2019	69	56	63	70	69	74

解：PyCharm 程序如下：

```
# /usr/bin/env python3
# -*- coding: UTF-8 -*-
import numpy as np    # 导入 NumPy 模块库
import pandas as pd   # 导入 Pandas 模块库
import openpyxl       # 导入 openpyxl 模块库
import matplotlib.pyplot as plt  # 导入 matplotlib.pyplot 模块库
plt.rcParams['font.sans-serif'] = ['SimHei']  # 解决中文乱码
plt.rcParams["axes.unicode_minus"]=False  # 负号的正常显示
# 读取 xlsx 文件
data = pd.read_excel('D:\\NewPython\\上半年月支出表.xlsx')
plt.rcParams['font.sans-serif'] = ['SimHei']  # 解决中文乱码
plt.rcParams["axes.unicode_minus"]=False  # 负号的正常显示
x = np.linspace(1,6,5)
xt = data['年份']
```

```
y1 = data['一月']
y2 = data['二月']
y3 = data['三月']
# 绘制面积图
plt.stackplot(x, y1, y2, y3)
# 添加标题
plt.title('月支出面积图',fontsize=20,\
           color = 'r',fontweight='heavy',loc ='center')
plt.xlabel('年份')
plt.ylabel('公司支出')
# 设置坐标轴刻度
plt.xticks(x,xt,color='blue')
# 在右上方添加图例
plt.legend(["一月","二月","三月"],fontsize = 10,loc = 'upper right')
plt.show()
```

运行结果如图 4-11 所示。

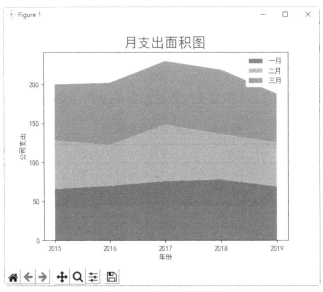

图 4-11   月支出面积图

六、绘制箱形图

箱形图又称盒须图、盒式图或箱线图，是一种用于显示一组数据分散情况的统计图。它可以反映原始数据的分布特征，还可以进行多组数据分布特征的比较。

在 Pyplot 中，boxplot 函数用来绘制箱形图。该函数的调用格式如下：

```
plt.boxplot(data,notch,position,**kwargs)
```

参数说明：

● data：指定要绘制箱形图的数据。

- notch：指定要绘制的箱形图是否是凹的形式，默认为非凹口。
- position：指定箱形图的位置。
- **kwargs：其他参数，包括 widths（箱形图的宽度）、patch_artist（是否填充箱体的颜色）等。

案例——使用箱形图分析水资源基础储量

根据"水资源基础储量.xlsx"中的数据，创建水资源总量、地表水资源量、地下水资源量、地表水与地下水资源重复量、人均水资源量变化的箱形图，水资源指标如表 4-25 所示。

表 4-25　水资源指标

指标	2018 年	2017 年	2016 年	2015 年	2014 年	2013 年	2012 年
水资源总量（亿立方米）	27 462.5	28 761.2	32 466.4	27 962.6	27 266.9	27 957.85	29 528.78
地表水资源量（亿方米）	26 323.2	27 746.3	31 273.9	26 900.8	26 263.91	26 839.47	28 373.26
地下水资源量（亿立方米）	8 246.5	8 309.6	8 854.8	7 797	7 745.03	8 081.11	8 296.39
地表水与地下水资源重复量（亿立方米）	7 107.2	7 294.7	7 662.3	6 735.2	6 742.04	6 962.74	7 140.87
人均水资源量（立方米/人）	1 971.84	2 074.53	2 354.91	2 039.24	1 998.64	2 059.69	2 186.2

解： PyCharm 程序如下：

```python
# /usr/bin/env python3
# -*- coding: UTF-8 -*-
import numpy as np    # 导入 NumPy 模块库
import pandas as pd   # 导入 Pandas 模块库
import openpyxl       # 导入 openpyxl 模块库
import matplotlib.pyplot as plt  # 导入 matplotlib.pyplot 模块库
# 读取 xlsx 文件
data = pd.read_excel('D:\\NewPython\\水资源基础储量.xlsx')
plt.rcParams['font.sans-serif'] = ['SimHei']  # 解决中文乱码
plt.rcParams["axes.unicode_minus"]=False  # 负号的正常显示
y1 = data['2018 年']
y2 = data['2017 年']
y3 = data['2016 年']
y4 = data['2015 年']
y5 = data['2014 年']
y6 = data['2013 年']
y7 = data['2012 年']
lables = ['2018 年','2017 年','2016 年','2015 年','2014 年','2013 年','2012 年']
# 绘制箱形图
plt.boxplot([y1, y2, y3,y4, y5, y6,y7],\
        patch_artist='r',labels=lables)
# 添加标题
plt.title('水资源基础储量箱形图',fontsize=20,\
        color = 'r',fontweight='heavy',loc ='center')
plt.show()
```

运行结果如图 4-12 所示。

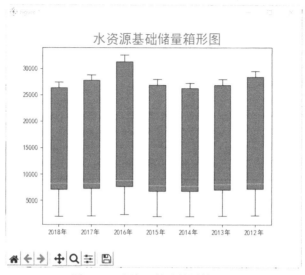

图 4-12　水资源基础储量箱形图

箱形图中最下方的横线表示最小值，最上方的横线表示最大值，黑色空心圆圈表示异常值，黑色实心圆圈表示极端值。如果使用箱形图判断异常值，则其判断标准是，当变量的数值大于箱形图的上限或小于箱形图的下限时，可以将这样的数据判定为异常值。

七、绘制雷达图

雷达图也称网络图，蜘蛛图等，用于比较和评估多个指标之间的强弱关系，一方面用于发现不同群组用户的特征对比，另一方面用于总结不同用户的特征。

绘制雷达图之前需要先建立极坐标系，下面介绍两种创建极坐标系的方法。

在 Pyplot 中，polar 函数用来绘制雷达图。该函数的调用格式如下：

```
plt.polar(theta, r)
```

参数说明：

● theta：极坐标的极径。

● r：极坐标的极角。

add_subplot 函数在绘图时用于指定创建极坐标系的位置。该函数的调用格式如下：

```
plt.add_subplot(223, polar=True)
```

参数说明：

● 223：将画布分割成 2 行×2 列，图像画在右下方的区域中。

● polar：用于设置是否创建极坐标系，默认不创建，当 polar=True 时，在极坐标中绘图。

建立好极坐标系后可以在极坐标系中绘制折线图、柱形图等。大部分情况下，使用 ax.plot 函数绘制折线图，形成一个不规则的闭合多边形。创建雷达图可用的函数如表 4-26 所示。

表 4-26　创建雷达图可用的函数

函数名	说明
concatenate()	使雷达图的数据环形封闭
set_thetagrids()	设置雷达图中每个维度的标签和显示位置
set_theta_zero_location()	设置雷达图的 0 度位置，包括 N、NW、W、SW、S、SE、E、NE 八个方位
set_rlim()	设置极坐标上的刻度范围
set_rlabel_position()	设置极坐标上的刻度标签的显示位置

案例——使用雷达图分析主要矿产基础储量指标情况

已知全国主要矿产基础储量，如表 4-27 所示，使用表中的数据绘制雷达图。

表 4-27　全国主要矿产基础储量

指标	2016 年	2015 年	2014 年
石油储量（万吨）	3 501	3 496	3 433
天然气储量（亿立方米）	5 436	5 193	4 945
煤炭储量（亿吨）	6 249	2 440	2 399
铁矿储量（亿吨）	620	207	206
猛矿储量（万吨）	3 103	2 762	2 141
铬矿储量（万吨）	407	419	419

解：PyCharm 程序如下：

```
# /usr/bin/env python3
# -*- coding: UTF-8 -*-
import numpy as np    # 导入 NumPy 模块库
import pandas as pd    # 导入 Pandas 模块库
import openpyxl    # 导入 openpyxl 模块库
import matplotlib.pyplot as plt    # 导入 matplotlib.pyplot 模块库
plt.rcParams['font.sans-serif'] = ['SimHei']    # 解决中文乱码
plt.rcParams["axes.unicode_minus"]=False    # 负号的正常显示
# 定义三年的存储量数据
Y1 = [3501,5436,6249,620,3103,407]
Y2 = [3496,5193,2440,207,2762,419]
Y3 = [3433,4945,2399,206,2141,419]
theta = np.linspace(0, 2*np.pi, 6, endpoint=True) # 创建一维数组
# 定义雷达图标签
labels = ['石油储量','天然气储量','煤炭储量',\
          '铁矿储量','锰矿储量','铬矿储量']
# 使雷达图封闭起来
theta = np.concatenate((theta,[theta[0]]))
Y1 = np.concatenate((Y1,[Y1[0]]))
```

```
Y2 = np.concatenate((Y2,[Y2[0]]))
Y3 = np.concatenate((Y3,[Y3[0]]))
labels = np.concatenate((labels, [labels[0]]))
# 绘制雷达图
fig=plt.figure()  # 创建图表
ax=fig.add_subplot(111,polar=True)#设置坐标为极坐标
# 绘制极坐标图
ax.plot(theta, Y1, marker="h", mfc="b", ms=10)
# 设置颜色、线宽、标记大小、标记背景颜色、标记边颜色
ax.plot(theta, Y2, color="y", linewidth=2,\
        marker="h", mfc="m", ms=10)
ax.plot(theta, Y3, color="r", linewidth=2,\
        marker="*", mfc="g", ms=10)
# 添加标题
plt.title('使用雷达图分析主要矿产基础储量',fontsize=20,\
          color = 'r',fontweight='heavy',loc ='center')
# #设置显示的角度，将弧度转主
ax.set_thetagrids(theta*150/np.pi,labels)
# 设置图例的位置
led = ['2016年','2015年','2014年']
plt.legend(led,loc='lower right',bbox_to_anchor=(1.2,0.0))
#设置极坐标的起点（即 0°）在正北方向,
ax.set_theta_zero_location('N') plt.show()
```

运行结果如图 4-13 所示。

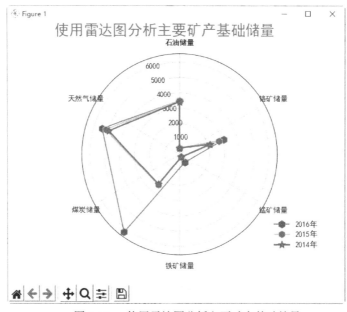

图 4-13　使用雷达图分析主要矿产基础储量

项目总结

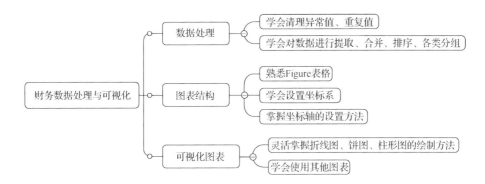

项目实战

实战 1 绘制产品销售情况分析图

某公司 2016 年各产品销售情况如表 4-28 所示，绘制上半年销售数据的饼图和柱形图。

表 4-28 某公司 2016 年各产品销售情况   单位：万元

年份	A 产品	B 产品	C 产品	D 产品	E 产品	F 产品
上半年	821	764	681	805	707	844
下半年	685	896	803	699	828	709

解： PyCharm 程序如下：

```
# /usr/bin/env python3
# -*- coding: UTF-8 -*-
import numpy as np    # 导入 NumPy 模块库
import pandas as pd    # 导入 Pandas 模块库
import openpyxl    # 导入 openpyxl 模块库
import matplotlib.pyplot as plt    # 导入 matplotlib.pyplot 模块库
# 读取 xlsx 文件
data = pd.read_excel('D:\\NewPython\\某公司 2016 年各产品销售情况表.xlsx')
plt.rcParams['font.sans-serif'] = ['SimHei']    # 解决中文乱码
```

```
x = np.linspace(1,7,6)
y = data.loc[1].values[1:]     # 定义数据
explode = (0,0.2,0,0.1,0.2,0)   #将第二块和第四块分离出来
plt.pie(y,explode,autopct = '%1.2f%%')
# 添加标题
label = '产品销售情况数据分析饼图'
plt.title(label,fontsize=20,\
          fontweight='heavy',loc ='center')
plt.figure()# 创建新的图形窗口
# 绘制柱形图
plt.bar(x,y)
# 添加标题
label = '产品销售情况数据分析柱形图'
plt.title(label,fontsize=20,\
          fontweight='heavy',loc ='center')
plt.show()
```

运行结果如图 4-14 所示。

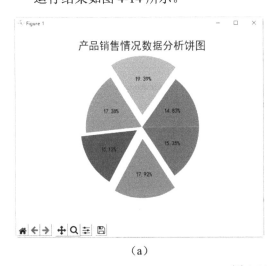

（a）

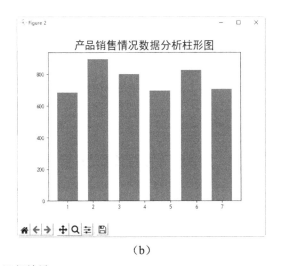

（b）

图 4-14　运行结果

实战 2　年中进出口数据分析

某外贸公司年中进出口数据如表 4-29 所示，计算进出口总值与进出口差额，并利用图表进行分析。

表 4-29　某外贸公司年中进出口数据

项目	一月	二月	三月	四月	五月	六月
出口总值	314	457	320	429	300	240
进口总值	458	242	500	414	295	450

年中进出口数据分析的步骤如下。

（1）创建表格数据。

```python
# /usr/bin/env python3
# -*- coding: UTF-8 -*-
import numpy as np    # 导入 NumPy 模块库
import pandas as pd    # 导入 Pandas 模块库
import openpyxl    # 导入 openpyxl 模块库
import matplotlib.pyplot as plt  # 导入 matplotlib.pyplot 模块库
# 输出数据列名与数据对齐方式
pd.set_option('display.unicode.ambiguous_as_wide',True)
pd.set_option('display.unicode.east_asian_width',True)
plt.rcParams['font.sans-serif'] = ['SimHei']    # 解决中文乱码
# 定义数据保存到 Excel
data = [[314,457,320,429,300,240],
        [458,242,500,414,295,450]]
index = ['出口总值','进口总值']
columns = ['一月','二月','三月','四月','五月','六月']    # 定义列索引
frame = pd.DataFrame(data, index= index,columns = columns)
# 计算"进出口总值""进出口差额"与"总计"
frame.loc['进出口总值']=frame.sum()
# 计算行总和
frame['总计']=frame.T.sum()
# 计算行差值
frame.loc['进出口差额']=0
for i in range(0,7):
    frame.loc['进出口差额'][i]=frame.iloc[0,i]-frame.iloc[1,i]
# 将数据保存到 Excel
frame.to_excel('D:\\NewPython\\某外贸公司年中进出口数据.xlsx')
```

运行结果如图 4-15 所示。

	一月	二月	三月	四月	五月	六月	总计
出口总值	314	457	320	429	300	240	2060
进口总值	458	242	500	414	295	450	2359
进出口总值	772	699	820	843	595	690	4419
进出口差额	-144	215	-180	15	5	-210	-299

图 4-15　计算年中进出口数据

（2）保存 Excel 数据。

```python
# 导入 openpyxl 模块
from openpyxl import Workbook, load_workbook
from openpyxl.chart import ScatterChart, Series, Reference
from openpyxl.chart import LineChart, BarChart, PieChart
from openpyxl import Workbook
from openpyxl. styles import Font, Border, Side, Alignment, Color
from openpyxl. styles import Protection, PatternFill, colors
```

```
# 加载工作簿
excelPath = r'D:\\NewPython\\某外贸公司年中进出口数据.xlsx'
wb = openpyxl.load_workbook(excelPath)
ws=wb.active  # 获取当前表格窗口
row = ws.max_row  # 计算最大行
column = ws.max_column  # 计算最大列
# 设置列宽
ws.column_dimensions['A'].width = 30  #设置列宽
ws['A1']='项目'
# 插入表格标题
ws.insert_rows(1)  #在第一行上面插入空行
ws['A1']='年中进出口数据分析'
# 设置第一行格式
font = Font(name='幼圆',size=20,bold=True)
ws['A1'].font = font  # 设置标题字体
ws['A1'].alignment = Alignment(horizontal='center')  # 标题居中显示
# 合并单元格
ws.merge_cells('A1:H1')
# 定义字体样式
font1 = Font(name='宋体',size=12,bold=True,color="ffffff")
fill = PatternFill(fill_type='solid', fgColor="272727")
# 应用自定义样式
for i in range(1,column+1):
    ws.cell(row = 2, column = i).font = font1
    ws.cell(row = 2, column = i).fill = fill
    ws.cell(row = 2, column = i).alignment = \
        Alignment(horizontal='center')
# 保存
wb.save(excelPath)
```

运行结果如图 4-16 所示。

图 4-16　保存数据

（3）利用图表进行财务数据分析。

```
# 图表可视化分析
# 定义分析数据
data = pd.read_excel('D:\\NewPython\\某外贸公司年中进出口数据.xlsx')
plt.rcParams['font.sans-serif'] = ['SimHei']  # 解决中文乱码
plt.rcParams["axes.unicode_minus"]=False  # 负号的正常显示

# 获取行标签
```

```
y00 = data.iloc[0].values[1:7]
# 图表可视化分析
fig=plt.figure('年中进出口数据可视化分析',\
            figsize=(8,6),facecolor='#C2FF68')
plt.subplot(2, 2, 1)
# 各月进出口数据
x = np.linspace(1,7,6)
# 获取除"项目"列与"总计"列的数据
xt =data.loc[0].values[1:7]
y1 = data.loc[1].values[1:7]    # 出口总值
y2 = data.loc[2].values[1:7]    # 进口总值
y3 = data.loc[3].values[1:7]    # 进出口总值
y4 = data.loc[4].values[1:7]    # 进出口差额
width = 0.1   # 柱形图的宽度
# 绘制柱形图
plt.bar(x,y1,width = width)
plt.bar(x+width,y2,width = width)
plt.bar(x+2*width,y3,width = width)
# 在右上角添加图例
plt.legend(y00,loc=0,ncol=3)
# # 设置坐标轴刻度
plt.xticks(x,xt,color='blue')
# 添加标题
label = '各月进口和出口数据'
plt.title(label,fontsize=15,\
          fontweight='heavy',loc ='center')
plt.ylim(0,1200)   # 设置 y 轴显示范围

# # 绘制折线图
plt.subplot(2, 2, 2)
plt.plot(x,y1,marker = 'o',lw=4,ms = 10, mec = 'r')
plt.plot(x,y2,marker = 'o',lw=4,ms = 10, mec = 'r')
plt.xticks(x,xt)   # 设置 X 轴刻度样式
# 在右上角添加图例
plt.legend(["出口总值","进口总值"],loc = 1,ncol=2)
label = '各月进口和出口值'
plt.title(label,fontsize=15,\
          fontweight='heavy',loc ='center')
plt.ylim(200,600)   # 设置 y 轴显示范围

# 绘制饼图
plt.subplot(2, 2, 3)
plt.pie(y3,autopct = '%1.2f%%')
# 添加标题
label = '进出口总值'
plt.title(label,fontsize=15,y=-0.1,\
```

```
            fontweight='heavy',loc ='center')

# # 绘制进出口差额折线图
plt.subplot(2, 2, 4)
plt.plot(x,y4,marker = 'o',lw=4,ms = 10, mec = 'r')
plt.xticks(x,xt)  # 设置 X 轴刻度样式
label = '进出口差额'
plt.title(label,fontsize=15,y=-0.3,\
            fontweight='heavy',loc ='center')
plt.show()
```

运行结果如图 4-17 所示。

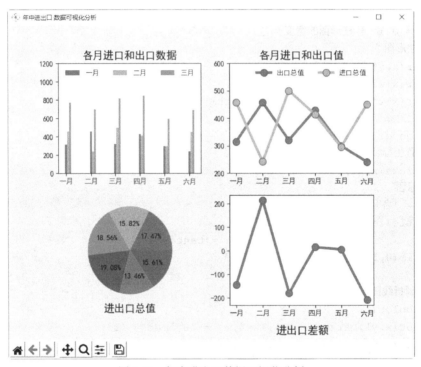

图 4-17　年中进出口数据可视化分析

项目五

财务报表分析

Python 财务基础

任务一 // 财务报表概述

任务引入

小明下周出差去总公司，需要向总公司提交分公司的财务报表。那么，什么是财务报表？使用财务报表如何进行财务分析呢？

知识准备

财务报表是以会计准则为规范编制的，向所有者、债权人、政府及其他有关各方，以及社会公众等外部反映会计主体财务状况和经营的会计报表。

一、财务报表分类

财务报表可以从不同角度加以划分，为有助于对现行的财务报表体系有更加完整的认识和理解，现将会计实务当中常见的财务报表划分标准介绍如下。

（1）按照财务报表所反映的内容，财务报表可以分为静态财务报表和动态财务报表。静态财务报表主要指反映企业某一特定日期的财务状况的报表，即资产负债表，其相关指标都是时点指标；动态财务报表主要指反映企业资金的耗费和回收情况的报表，这包括企业一定时期的经营成果或财务状况变动（现金流量增减变动），以及所有者权益增减变动情况的报表。利润表、现金流量表和所有者权益变动表都属于动态财务报表，其相关主要指标都是时期指标。

（2）按照财务报表的编制期间，财务报表可以分为年度财务报表和中期财务报表。报告期间涵盖一个完整的会计年度的报告，即为年度财务报表（简称年报）；而中期财务报表指的是编报期间少于一个完整会计年度的财务报表，在会计实务中，又可以将其分为月度报告、季度报告和半年度报告。不同期间的财务报表，其编制要求有所不同，但基本原则应该是一致的。

（3）按照财务报表的编制基础，财务报表可以分为个别财务报表、汇总财务报表和合并财务报表。个别财务报表是指根据个别公司的账簿记录进行编制的，反映个别具体公司的财务状况、经营成果和现金流量信息的报告形式；汇总财务报表是指由企业主管部门或上级主管部门根据所属单位报送的个别财务报表，连同本单位财务报表简单汇总编制的财务报表；合并财务报表是指反映母公司及其全部子公司形成的企业集团的整体财务状况、经营成果和现金流量信息的财务报表。与个别财务报表相比，合并财务报表反映的是企业集团的整体绩效，反映的对象是由若干独立法人构成的经济主体（而非法律意义上的主体）。与汇总财务报表相比，合并财务报表需要以纳入合并范围的个别财务报表为基础，根据相关信息，抵销企业集团内部相互之间发生的内部交易对合并财务报表的影响编制。

二、财务报表分析的种类

财务报表分析可以按照不同的标准进行分类。

1．按报表分析的服务对象进行划分

财务报表分析，按其使用者是企业管理者还是企业外部人员，可以将其分为服务于企业内部管理的报表分析与服务于企业外部有关方面的报表分析。这种分类对明确报表分析的目的、要求与依据具有一定的作用。因为报表分析的服务对象不同，分析的目的与要求也就不同，从而获得报表之外的分析资料的渠道与难易程度也不一样。一般来说，服务于企业内部管理的报表分析，有必要也有可能达到较深的层次。

2．按分析所涉及的报表种类进行划分

财务报表分析按其所涉及的报表种类，可以分为资产负债表分析、利润表分析和综合分析。资产负债表分析只涉及资产负债表项目，利润表分析只涉及利润表项目，而综合分析则同时涉及资产负债表项目与利润表项目。尽管企业的对外财务报表包括资产负债表、利润表和现金流量表，但由于现金流量表本身属于分析性财务报表，所以，企业财务报表分析的重点是资产负债表和利润表。

3．按分析所涉及的会计期间进行划分

财务报表分析按其所涉及的会计期间，可以分为横向分析与纵向分析。横向分析又称趋势分析，它根据连续几期的财务报表，能够比较各项目的增减方向和幅度，从而揭示企业财务状况和经营成果的变化及其趋势。纵向分析只涉及单一会计期间的财务报表，通过同一期财务报表上相关数据的比较，揭示各项目之间的相互关系，并作出解释与评价。

4．按分析所揭示关系的性质进行划分

财务报表分析按其所揭示的关系的性质或分析的目的，可以分为偿债能力分析与获利能力分析。偿债能力分析能够揭示企业的短期和长期偿债能力，获利能力分析能够揭示企业净利润变动趋势及其原因，评价企业运用现有资源获取利润的效率。

三、财务报表分析方法

财务报表分析方法按其所计算的指标的性质或所用的具体分析方法，可以分为金额变动与变动百分比分析方法、趋势比例分析方法、结构比例分析方法和比率分析方法。

1．金额变动与变动百分比分析方法

通过金额变动与变动百分比分析方法能够看出有关报表数据每年的金额变化，提供有意义的资料，并且计算金额变动的百分比，使分析更有意义。所谓金额的变化，是指比较某项数据在某年度与在基准年度的金额差异。例如，本年度的销售收入比上一年度增加 5 万元。而变动百分比的计算，是将不同年度之间金额的变动数，除以基准年度的金额，从而得到百分比。

2．趋势比例分析方法

趋势比例：以基期的数据为 100%，分别将各期的数据换算为基期的百分比。其具体计算步骤如下。

（1）选择基期（年），并给予基期会计报表中的每个项目 100%的权数。

（2）将各期会计报表的每个项目换算为基期相同项目的百分比。

3．结构比例分析方法

结构比例或结构百分比是指总额内每个项目的相对大小。负债表上的每个项目均可表示为总资产的百分比。利用这种表达方式可以很快地反映出流动资产与非流动资产的相对重要性，同时也可以反映企业从长期债权人、短期债权人和所有者处获得资金的相对大小。通过计算连续各期资产负债表的结构比例，可以发现企业的哪些项目变得重要，而哪些项目变得不重要。

4．比率分析方法

比率是某一项目与另一项目之间的关系的简单数学表示形式。在计算两个项目之间的比率时，必须要求两个数值之间确实具有一定的关系，比率只是用来帮助分析与说明的工具。比率分析方法被管理者、债权人、政府调控者及投资者广泛使用。

四、在 Excel 文件中进行运算

openpyxl 对 Excel 文件除执行读取、编写操作外，还可以执行算术运算和绘制图形等操作。

1．算术运算

openpyxl 中常用的算术运算函数如表 5-1 所示。

表 5-1　openpyxl 中常用的算术运算函数

函数格式	说明
=SUM（cell1：cell2）	将一系列单元格中的所有数字相加
=PRODUCT（cell1：cell2）	将单元格范围内的所有数字相乘
=AVERAGE（cell1：cell2）	给出给定像元范围内所有数字的平均值（算术平均值）
=QUOTIENT（num1，num2）	返回除法的整数部分
=MOD（num1，num2）	返回数字除以除数后的余数
=COUNT（cell1：cell2）	计算包含该数字的范围内的单元格数目

案例——计算材料技术进口量及金额统计数据

2021 年中国材料技术进口量及金额表中包含的数据如图 5-1 所示，包括进口数量（吨）、进口金额（百万美元）、数量增长率（%）、金额增长率（%），利用公式计算进口数量、进口金额的总和，数量增长率、金额增长率的平均值。

	进口数量(吨)	进口金额(百万美元)	数量增长率(%)	金额增长率(%)
2021年1-2月	5833	794.6	19.5	24.9
2021年3月	3724	487.2	29.9	8
2021年4月	3261	468.9	12.3	2.2
2021年5月	3758	488.4	47.2	22.3
2021年6月	3845	533.1	-25.5	25
2021年7月	3933	555.8	17.9	18.1
2021年8月	3866	579.7	28.9	34.7
2021年9月	4218	638.5	-20.8	31.1
2021年10月	3631	557.4	28.4	28.7
2021年11月	4311	661.4	42	38.5
2021年12月	4311	634.4	52	18.5

图 5-1　2021 年中国材料技术进口量及金额表中包含的数据

解：PyCharm 程序如下：

```
# /usr/bin/env python3
# -*- coding: UTF-8 -*-
import numpy as np    # 导入 NumPy 模块库
# 导入 openpyxl 模块库
import openpyxl as op
from openpyxl import Workbook
from openpyxl. styles import Font, Border, Side, Alignment, Color
from openpyxl. styles import Protection, PatternFill, colors
# 加载工作簿
excelPath = r'D:\\NewPython\\2021 年中国材料技术进口量及金额.xlsx'
wb = op.load_workbook(excelPath)   # 加载工作表
# 获取表格
ws = wb.active
row = ws.max_row  # 计算最大行
column = ws.max_column # 计算最大列
# 公式计算
ws['A{0}'.format(row+1)].value = "总计"
ws.cell(row = row + 1, column = 2).value = "=SUM(B2:B12)".format(row)
ws.cell(row = row + 1, column = 3).value = "=SUM(C2:C{0})".format(row)
ws.cell(row = row + 1, column = 4).value = "=AVERAGE(D2:D12)".format(row)
ws.cell(row = row + 1, column = 5).value = "=AVERAGE(E2:E{0})".format(row)
# 定义字体样式
font = Font(name='宋体',size=15,bold=True,color=Color(indexed=5))
fill = PatternFill(fill_type='solid', fgColor="00A600")
# 应用自定义样式
for i in range(1,column+1):
    ws.cell(row = row+1, column = i).font = font
    ws.cell(row = row+1, column = i).fill = fill
```

```
# 保存
wb.save('D:\\NewPython\\2021年中国材料技术进口量及金额统计数据.xlsx')
```

运行结果如图 5-2 所示。

图 5-2　2021 年中国材料技术进口量及金额统计数据

2．绘制图形

openpyxl 不仅支持利用工作表的单元格中的数据，还具有强大的图表处理功能，可以创建柱形图、折线图和饼图。

在 Excel 中创建图表，步骤如下：在矩形区域中选择单元格，使用 reference 函数创建一个 Reference 对象；通过传入 Reference 对象，使用 Series 函数创建一个 Series 对象；创建 Chart 对象；将 Series 对象添加到 Chart 对象；设置 Chart 对象的 drawing.top、drawing.left、drawing.width 和 drawing.height 变量；将 Chart 对象添加到 WorkSheet 对象。

（1）创建 Reference 对象。

Reference 函数用来创建 Reference 对象。该函数的调用格式如下：

```
openpyxl.chart.reference.Reference(
        worksheet=None,
        min_col=None,
        min_row=None,
        max_col=None,
        max_row=None,
        range_string=None)
```

参数说明：

- worksheet：图表数据的 WorkSheet 对象，包括行、列数据（起始行、起始列、终止行、终止列）。
- min_col、min_row：两个整数的元组，代表矩形区域的左上角单元格，该区域包含图表数据。元组中第一个整数是行，第二个整数是列。第一行是 1，不是 0。
- max_col、max_row：两个整数的元组，代表矩形区域的右下角单元格，该区域包含图表数据。元组中第一个整数是行，第二个整数是列。
- range_string：截取 Chart 对象中的字符串区间。

（2）创建 Series 对象。

Series 函数用来创建 Series 对象。该函数的调用格式如下：

```
seriesobj =Series(data,title=string)
```

参数说明：
- data：图表数据。
- title：Series 对象名称。

创建 Series 对象后，利用 append（seriesobj）函数将其添加到 Chart 对象中。

（3）创建 Chart 对象。

add_chart 函数用来创建可以添加到工作表中的 Chart 对象。该函数的调用格式如下：

```
chart = workbook.add_chart({'type': 'stacked'},
                           {'subtype': 'stacked'})
```

参数说明：
- type：定义将要创建的图表的类型。
- subtype：用于定义可用图表的子类型。

创建 Chart 对象后可以利用属性设置图表，其常用属性如表 5-2 所示。

表 5-2　Chart 常用属性

属性名	说明
chart.type	图表类型，包括 area、bar、column、doughnut、line、pie、radar、scatter、stock
chart.width chart.height	图表的宽度与高度
chart.top、chart.left	图表的坐标
chart.font	设置图表字体，包括字体大小 font.size、字体颜色 font.color
chart.style	设置图表样式
chart.title	添加图表标题
chart.legend.position	设置图表图例位置，图例的位置可以通过设置其位置来控制：右、左、上、下、右上分别为 r、l、t、b、tr
chart.legend.font	设置图表图例字体

> **注意**
>
> 　一个图表只能向工作表中添加一次，如果需要添加多个图表，那么每个图表都需要使用 add_chart 函数进行创建。

（4）绘制柱形图。

BarChart 函数用来创建柱形图，柱形图包括垂直、水平或层叠效果的柱形图，BarChart3D 函数用来创建三维柱形图，柱形图的属性如表 5-3 所示。

表 5-3　柱形图的属性

属性	说明
chart.type	设置柱形图类别，控制柱形图是垂直的或是水平的，其值包括 col、bar，如果柱形图是水平的，则 x 和 y 坐标会对调过来
grouping	设置层叠效果，其值包括 clustered、percentStacked、standard、stacked，使用层叠图形时，需要设置 overlap 为 100

案例——绘制资产购置费用柱形图

根据各地区分公司资产购置费用统计表绘制 2018 年各地区资产购置费用柱形图。

解： PyCharm 程序如下：

```python
# /usr/bin/env python3
# -*- coding: UTF-8 -*-
import numpy as np   # 导入 NumPy 模块库
# 导入 openpyxl 模块
import openpyxl as op
from openpyxl import Workbook
from openpyxl. styles import Font, Border, Side, Alignment, Color
from openpyxl. styles import Protection, PatternFill, colors
from openpyxl. chart import BarChart, Series, Reference
# 加载工作簿
excelPath = r'D:\\NewPython\\各地区分公司资产购置费用统计.xlsx'
wb = op.load_workbook(excelPath)   # 加载工作表
# 获取表格
ws = wb.active
ws['B14']='2018年各地区资产购置费用柱形图'# 添加标题
# 定义字体样式
font = Font(name='宋体',size=30,bold=True)
fill = PatternFill(fill_type='solid', fgColor="00A600")
ws['B14'].font = font
ws['B14'].fill = fill
ws['B14'].alignment = Alignment(horizontal='center')   # 标题居中显示
# 合并单元格
ws.merge_cells('B14:O14')
# 创建柱形图 Chart 对象
chart1 = BarChart()
chart1. title="Vertical Bar Chart"
# 定义图表类型,垂直柱形图
chart1. type="col"
chart1. style=10
# 定义轴名称
chart1.x_axis. title='地区'
chart1.y_axis. title='资产购置费'
# 定义添加图例的图表数据
data=Reference(ws,min_col=2,min_row=2,max_row=9,max_col=3)
# 定义 x 轴标签
cats=Reference(ws,min_col=1,min_row=3,max_row=9)
# 添加 x 轴标签与图例
chart1.add_data(data,titles_from_data=True)
chart1.set_categories(cats)
# 保存图表
ws.add_chart(chart1, "B15")
```

```
# 绘制水平柱形图
# 导入复制数据模块库 deepcopy
from copy import deepcopy
chart2=deepcopy(chart1)
chart2. style=11
chart2. type="bar"  # 水平柱形图
chart2. title="Horizontal Bar Chart"
ws. add_chart(chart2,"H15")
#  绘制堆叠图
chart3=deepcopy(chart1)
chart3. type="col"
chart3. style=12
chart3. grouping="stacked"
chart3. overlap=100
chart3. title='Stacked Chart'
ws. add_chart(chart3,"B32")
# 保存
wb.save('D:\\NewPython\\各地区分公司资产购置费用统计图表.xlsx')
```

运行结果如图 5-3 所示。

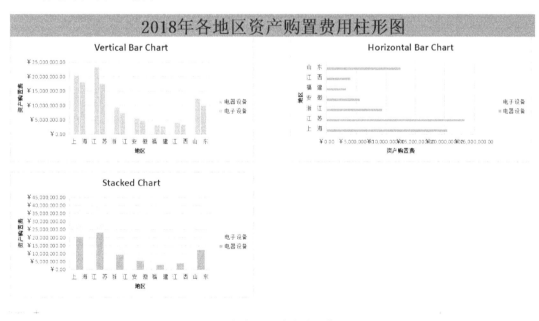

图 5-3　2018 年各地区资产购置费用柱形图

（5）绘制折线图。

LineChart 函数用来创建折线图。该函数的调用格式如下：

```
charts.LineChart (x = X,y = Y,
mode = 'lines',
name = 'line2',
connectgaps = True)
```

参数说明：

- x、y：图表数据。
- mode：线条模式，包括线型、标记点等，可用"+"相连。
- name：折线名，显示于图例下。
- connectgaps：连接缺失点两端，默认为 False。

另外，ScatterChart 函数用来创建散点图，PieChart 函数用来创建饼图。

案例——绘制电子产品销量饼图

根据如表 5-4 所示的电子产品 1 月的销量数据绘制饼图。

表 5-4　电子产品 1 月的销量数据

商品	1 月销量
键盘	80
鼠标	119
硬盘	90
音响	55
内存条	53
CPU	55

解： PyCharm 程序如下：

```
# /usr/bin/env python3
# -*- coding: UTF-8 -*-
# 导入模块
import openpyxl
from openpyxl import Workbook, load_workbook
from openpyxl.chart import ScatterChart, Series, Reference
from openpyxl.chart import LineChart, BarChart, PieChart
from openpyxl import Workbook
from openpyxl. styles import Font, Border, Side, Alignment, Color
from openpyxl. styles import Protection, PatternFill, colors
# 创建工作表对象
wb=Workbook()
ws=wb.active  # 获取当前表格窗口
data = [
    ['商品','1 月销量'],
    ['键盘',80],
    ['鼠标',119],
    ['硬盘',90],
    ['音响',55],
    ['内存条',53],
    ['CPU',55]]
```

```
# 将数据写入表格中
for row in data:
    ws. append(row)
#  数据分析
row = ws.max_row  # 计算最大行
column = ws.max_column  # 计算最大列
# 公式计算
ws['A{0}'.format(row+1)].value = "合计"
ws.cell(row = row + 1, column = 2).value = "=SUM(B2:B7)".format(row)
# 定义字体样式
font = Font(name='宋体',size=12,bold=True,color="ffffff")
fill = PatternFill(fill_type='solid', fgColor="000079")
# 应用自定义样式
for i in range(1,column+1):
    ws.cell(row = row+1, column = i).font = font
    ws.cell(row = row+1, column = i).fill = fill
# 创建饼图
chart=PieChart()
# 定义第一列为标签
labels=Reference(ws,min_col=1,min_row=2,max_row=row)
# 定义第二列为数据
data=Reference(ws,min_col=2,min_row=2,max_row=row)
series = Series(data, title_from_data=False)
chart.series=[series]
chart.set_categories(labels)   # 添加图例
chart.title='销售占比图'
ws.add_chart(chart,"D1")
# 保存
wb.save('D:\\NewPython\\电子产品 1 月的销量图表.xlsx')
```

运行结果如图 5-4 所示。

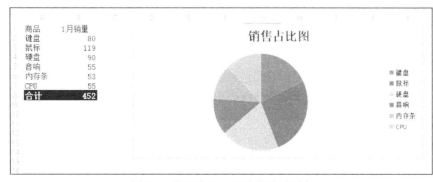

图 5-4　电子产品 1 月份的销量图表

任务二 // 编制财务报表

任务引入

小明熬夜制作了财务报表，总公司的财务经理对报表不满意，提出修改意见。那么，在 Python 中，常用的财务报表有哪些？如何制作财务报表呢？

知识准备

财务报表不包括董事报告、管理分析及财务情况说明书等列入财务报告或年度报告的资料。

一套完整的财务报表包括利润表、现金流量表、资产负债表、所有者权益变动表（或股东权益变动表）和财务报表附注。

一、利润表

利润表是反映企业在一定会计期间的经营成果及其分配情况的财务报表。常用的利润表的格式分为单步式和多步式。

利润表也被称为损益表或收益表，是一段时间内公司经营业绩的财务记录，反映了这段时间的销售收入、销售成本、经营费用及税收状况，报表结果为公司实现的利润或形成的亏损。

利润表是一种动态报表，可以为阅读者提供有助于作出合理的经济决策所需要的有关资料，可用来分析利润增减变化的原因、分析公司的经营成本、作出投资价值评价等。

二、现金流量表

现金流量是衡量企业经营状况是否良好、是否有足够的现金偿还债务、资产的变现能力等方面的非常重要的指标。

现金流量表是财务报表的 3 个基本报告之一，也被称为账务状况变动表。现金流量表能够显示在一个固定期间（通常是每月或每季）内，一家机构的现金（包含现金等价物）的增减变动情况，表明企业获得现金和现金等价物能力。

现金流量表可以提供企业的现金流量信息，从而使投资者可以对企业整体财务状况作出客观评价；可以对企业的支付能力及企业对外部资金的需求情况作出较为可靠的判断；可以了解企业当前的财务状况，预测企业未来的发展情况。对评价企业的实现利润、财务状况及财务管理而言，现金流量表要比传统的利润表能提供更好的基础。

现金流量表能反映出资产负债表中各个项目对现金流量的影响，其组成内容与资产负债表和利润表一致。

企业产生的现金流量分为以下 3 类。

（1）经营活动产生的现金流量。

经营活动是指企业投资活动和筹资活动以外的所有交易和事项。经营活动产生的现金流量主要包括销售商品、提供劳务、购买商品、接受劳务、支付工资和交纳税款等流入和流出的现金和现金等价物。

（2）投资活动产生的现金流量。

投资活动是指企业长期资产的购建和不包括在现金等价物范围内的投资及其处置活动。投资活动产生的现金流量主要包括购建固定资产、处置子公司及其他营业单位等流入和流出的现金和现金等价物。

（3）筹资活动产生的现金流量。

筹资活动是指导致企业资本及债务规模和构成发生变化的活动。筹资活动产生的现金流量主要包括吸收投资、发行股票、分配利润、发行债券、偿还债务等流入和流出的现金和现金等价物。

> 提示
>
> 偿付应付账款、应付票据等商业应付款属于经营活动，不属于筹资活动。

对有国际业务的公司而言，现金流量还应包括汇率变动对现金的影响。如果要考核企业的经营实效，也就是反映资产负债表和利润表不能反映出的现金流量，则应包括现金及现金等价物净增加额，即在现金流量表的三大部分（经营活动、投资活动、筹资活动）中的广义现金的增加额。

现金流量表分为主表和附表（补充资料）两大部分，如图 5-5 所示。主表的各项目金额实际上就是每笔现金流入、流出的归属，而附表的各项目金额则是相应会计账户的当期发生额或期末与期初余额的差额。附表是现金流量表中不可或缺的一部分。一般情况下，附表项目可以直接取相应会计账户的发生额或余额。

企业日常经营业务是影响现金流量的重要因素，但并不是所有的交易或事项都会影响现金流量，以下两个因素不会影响现金流量。

（1）现金各项目之间的增减变动，如从银行提取现金、用现金购买 2 个月到期的债券等。

（2）非现金各项目之间的增减变动也不会影响现金流量净额的变动，如用固定资产偿还债务、用材料对外投资等。

	A	B	C	D
		现金流量表		
1				
2		年度		会企 03表
3	编制单位:			单位: 元
4	项 目	行次	本年金额	上年金额
5	一、经营活动产生的现金流量:	1		
6	销售商品、提供劳务收到的现金	2	93,600.00	
7	收到的税费返还	3	–	
8	收到其他与经营活动有关的现金	4	200.00	
9	经营活动现金流入小计	5	93,800.00	
10	购买商品、接受劳务支付的现金	6	–	
11	支付给职工以及为职工支付的现金	7	–	
12	支付的各项税费	8	–	
13	支付其他与经营活动有关的现金	9	8,500.00	
14	经营活动现金流出小计	10	8,500.00	
15	经营活动产生的现金流量净额	11	85,300.00	
16	二、投资活动产生的现金流量:	12		
17	收回投资收到的现金	13	–	
18	取得投资收益收到的现金	14	–	
19	处置固定资产、无形资产和其他长期资产收回的现金净额	15	–	
20	处置子公司及其他营业单位收到的现金净额	16	–	
21	收到其他与投资活动有关的现金	17	–	
22	投资活动现金流入小计	18	–	
23	购建固定资产、无形资产和其他长期资产支付的现金	19	–	
24	投资支付的现金	20	–	
25	取得子公司及其他营业单位支付的现金净额	21	=	
26	支付其他与投资活动有关的现金	22	–	
27	投资活动现金流出小计	23	–	
28	投资活动产生的现金流量净额	24	–	
29	三、筹资活动产生的现金流量:	25		
30	吸收投资收到的现金	26	–	
31	取得借款收到的现金	27	–	
32	收到其他与筹资活动有关的现金	28	–	
33	筹资活动现金流入小计	29	–	
34	偿还债务支付的现金	30	–	
35	分配股利、利润或偿付利息支付的现金	31	–	
36	支付其他与筹资活动有关的现金	32	–	
37	筹资活动现金流出小计	33	–	
38	筹资活动产生的现金流量净额	34	–	
39	四、汇率变动对现金的影响	35		
40	五、现金及现金等价物净增加额	36		
41	期初现金及现金等价物余额	37		
42	期末现金及现金等价物余额	38		

图 5-5 现金流量表

三、资产负债表

资产负债表是反映企业在某一特定日期（如月末、季末、年末）全部资产、负债和所有者权益情况的会计报表，是企业经营活动的静态体现，根据"资产=负债+所有者权益"这一平衡公式编制。

资产负债表依照一定的分类标准和一定的次序，将某一特定日期的资产、负债、所有者权益的具体项目予以适当排列编制。

评价一个公司财务健康状况最重要的信息来源是财务报表，包括资产负债表、利润表和现金流量表等。

资产负债表也被称为财务状况表，是反映企业在某一时间点（通常为各会计期末）的财务状况（即资产、负债和所有者权益的状况）的静态报表，是所有独立核算的企业单位都必须对外报送的会计报表，其基本关系式为

$$资产=负债+所有者权益$$

它利用会计平衡原则，将合乎会计原则的资产、负债、股东权益交易科目分为"资产"和"负债及股东权益"两大区块，在经过分录、转账、分类账、试算、调整等会计程序后，以特定日期的静态企业情况为基准，浓缩成一张报表。其报表功用除企业内部除错、确定经营方向、防止弊端外，也可让所有阅读者在最短时间内了解企业经营状况。

就程序而言，资产负债表为簿记记账程序的末端，是集合了登录分录、过账及试算调整后的最后结果与报表。就性质而言，资产负债表则是表现企业体或公司资产、负债与股东权益的对比关系，确切反映公司营运状况的报表。

资产负债表一般有表首、正表两部分。其中，表首概括地说明了报表名称、编制单位、编制日期、报表编号、货币名称、计量单位等。正表是资产负债表的主体，展示了用以说明企业财务状况的每个项目。

资产负债表正表的格式一般有两种：报告式资产负债表和账户式资产负债表。

报告式资产负债表是上下结构，上半部分展示资产，下半部分展示负债和所有者权益。其具体排列形式又有两种：一种是按"资产=负债+所有者权益"的原理进行排列；另一种是按"资产-负债=所有者权益"的原理进行排列。

账户式资产负债表是左右结构，左边展示资产，右边展示负债和所有者权益。不管采取哪种格式，资产各项目的合计都等于负债和所有者权益各项目的合计，如图5-6所示。

四、所有者权益变动表

所有者权益变动表是反映公司本期（年度或中期）内截至期末所有者权益变动情况的报表，其应当全面反映一定时期内所有者权益变动的情况。

	A	B	C	D	E	F	G	H
1	资　产　负　债　表							
2								会01表
3	编制单位:							
4	资　产	行次	年初数	期末数	负债和所有者权益	行次	年初数	期末数
5	**流动资产:**				**流动负债:**			
6	货币资金	1	1,301,000.00	1,366,700.00	短期借款	34		
7	短期投资	2			应付票据	35		
8	应收票据	3			应付账款	36	1,335,683.00	1,335,683.00
9	应收股利	4			预收账款	37		
10	应收利息	5			应付工资	38		
11	应收账款	6	25,000.00	25,000.00	应付福利费	39		
12	其他应收款	7	9,683.00	-20,317.00	应付股利	40		
13	预付账款	8			应交税金	41		8,500.00
14	应收补贴款	9			其他应交款	42		
15	存货	10			其他应付款	43		-450.00
16	待摊费用	11			预提费用	44		
17	一年内到期的长期债权投资	12			预计负债	45		
18	其他流动资产	13		29,550.00	一年内到期的长期负债	46		
19	**流动资产合计**	14	1,335,683.00	1,400,933.00	其他流动负债	47		
20	**长期投资:**				**流动负债合计**	48	1,335,683.00	1,343,733.00
21	长期股权投资	15			**长期负债:**			
22	长期债权投资	16			长期借款	49		
23	**长期投资合计**	17			应付债券	50		
24	其中:合并价差	18			长期应付款	51		
25	**固定资产:**				专项应付款	52		
26	固定资产原价	19	-	15,000.00	其他长期负债	53		
27	减:累计折旧	20			**长期负债合计**	54		
28	固定资产净值	21			递延税项:			
29	减:固定资产减值准备	22			递延税款贷项	55		
30	固定资产净额	23	-	15,000.00	**负债合计**	56	1,335,683.00	1,343,733.00
31	工程物资	24						
32	在建工程	25			少数股东权益	57		
33	固定资产清理	26			**所有者权益:**			
34	**固定资产合计**	27	-	15,000.00	实收资本	58		
35	**无形资产及其他资产:**				减:已归还投资			
36	无形资产	28			资本公积	59		
37	长期待摊费用	29			盈余公积	60		
38	其他长期资产	30			其中:法定公益金	61		
39	**无形资产及其他资产合计**	31			未确认的投资损失	62		
40	递延税项:				未分配利润	63		72,200.00
41	递延税款借项	32			外币报表折算差额	64		
42					**所有者权益合计**	65	-	72,200.00
43	**资产总计**		1,335,683.00	1,415,933.00	**负债和所有者权益总计**	66	1,335,683.00	1,415,933.00
44	制表:		复核:		会计主管:			

图 5-6　资产负债表

五、财务报表附注

财务报表附注旨在帮助财务报表使用者深入了解基本财务报表的内容。财务报表附注是财务报表制作者对资产负债表、利润表和现金流量表的有关内容和项目所做的说明和解释。

财务报表附注一般包括如下项目:企业的基本情况、财务报表编制基础、遵循企业会计准则的声明、重要会计政策和会计估计、会计政策和会计估计变更、差错更正的说明和重要报表项目的说明。

任务三 / 财务比率分析

任务引入

小明的财务报表又被打回来了，他只好请教公司的老员工，被告知财务分析指标不全。那么，财务报表中有哪些指标呢？财务比率如何进行计算呢？

知识准备

财务比率可以评价某项投资在各年之间收益的变化，也可以在某一时间点比较某一行业的不同企业。财务比率分析可以消除规模的影响，用来比较不同企业的收益与风险，从而帮助投资者和债权人作出理智的决策。

在进行财务比率分析时，通常从以下 3 个方面来衡量风险和收益的关系。

一、偿债能力分析

偿债能力反映企业偿还到期债务的能力，分为短期偿债能力和长期偿债能力。

1. 短期偿债能力分析

短期偿债能力是指企业偿还短期债务的能力。短期偿债能力不足，不仅会影响企业的资信，增加今后筹集资金的成本与难度，还可能使企业陷入财务危机，甚至破产。一般来说，企业应该以流动资产偿还流动负债，而不应靠变卖长期资产。因此，用流动资产与流动负债的数量关系来衡量短期偿债能力，即

$$流动比率 = 流动资产 \div 流动负债$$

资产流动性是测定公司偿债能力的一个因素，如果一项资产能迅速地转化为现金，那么它是流动资产；如果一项债务必须在近期偿还，那么它是流动负债。流动资产既可以用于偿还流动负债，也可以用于支付日常经营所需要的资金。因此，流动比率高一般表明企业短期偿债能力较强，但如果过高，则会影响企业资金的使用效率和获利能力。

流动比率究竟多少合适没有定律。按短期债权人的眼光来看，高流动比率是一个积极的标志，表示公司具有充分的流动性并且偿债可能性强。但对一个公司的股东或经营者来说，高流动比率则是一个消极的标志，表示公司的资产运用策略过于保守。为此，可以用速动比率和现金比率辅助进行分析，其基本关系式为

$$速动比率 = （流动资产 - 存货 - 待摊费用）\div 流动负债$$

$$现金比率 = （现金 + 有价证券）\div 流动负债$$

速动比率是一个更为保守的流动性衡量尺度，与流动比率不同的是，它在流动资产中扣除了存货和待摊费用，因为这两项常常无法流动，当陷入困境时，公司及其债权人常常很难通过出售存货或减少待摊费用获取现金。

现金比率将流动资产与现金、有价证券的市值联系起来，该比率明显优于账面价值比率，因为账面价值是历史数据，而市值是基于投资者对未来现金流量的预期，可以真实地反映生产经营中债权人和股东的利害关系。但该比率忽视了展期的风险，有价证券的价值反复无常，如果债权人要求债务必须用现金偿还，而不是用未来现金流作承诺时，则用该比率制定融资政策或监控债务水平毫无意义。

一般认为流动比率为 2，速动比率为 1 比较安全，过高则有效率低之嫌，过低则有管理不善的可能。

2. 长期偿债能力分析

长期偿债能力是指企业偿还长期利息与本金的能力。一般来说，企业借长期负债主要用于长期投资，因此最好用投资产生的收益偿还利息与本金。通常以负债比率和利息收入倍数两项指标衡量企业的长期偿债能力，其基本关系式为

负债比率 = 负债总额 ÷ 资产总额

利息收入倍数 = 经营净利润 ÷ 利息费用 =（净利润+所得税+利息费用）÷ 利息费用

负债比率又称财务杠杆，由于所有者权益不需要偿还，所以财务杠杆越高，债权人所受的保障就越低。但这并不是说负债比率越低越好，因为一定的负债表明企业的管理者能够有效地运用股东的资金，帮助股东用较少的资金进行较大规模的经营，所以，负债比率过低也说明企业没有很好地利用其资金。

利息收入倍数考察企业的营业利润是否足以支付当年的利息费用，它从企业经营活动的获利能力方面分析其长期偿债能力。一般来说，这个比率越大，长期偿债能力越强。

二、营运能力分析

营运能力以企业各项资产的周转速度来衡量企业资产利用的效率。周转速度越快，表明企业的各项资产进入生产、销售等经营环节的速度越快，那么其形成收入和利润的周期就越短，经营效率自然就越高。其基本关系式为

应收账款周转率 = 赊销收入净额 ÷ 应收账款平均余额

存货周转率 = 销售成本 ÷ 存货平均余额

流动资产周转率 = 销售收入净额 ÷ 流动资产平均余额

固定资产周转率 = 销售收入净额 ÷ 固定资产平均净值

总资产周转率 = 销售收入净额 ÷ 总资产平均值

上述这些周转率指标的分子、分母分别来自资产负债表和利润表，而资产负债表数据是某一时间点的静态数据，利润表数据则是整个报告期的动态数据，所以为了使分子、分母在时间上具有一致性，就必须将取自资产负债表上的数据折算成整个报告期的平均额。

通常来讲，上述指标越高，说明企业的经营效率越高。但数量只是一个方面的问题，在

进行分析时，还应注意各资产项目的组成结构，如各种类型存货的相互搭配、存货的质量、存货的适用性等。

在财务分析中，比率分析用途最广，但也有局限性。比率分析属于静态分析，对于预测未来并非绝对合理可靠。其所使用的数据为账面价值，难以反映物价水准的影响。因此，在运用比率分析时，要注意以下几点。

（1）注意将各种比率有机联系起来进行全面分析，不可单独地看某种比率，否则难以准确判断公司的整体情况。

（2）注意审查公司的性质和实际情况，而不是仅着眼于财务报表。

（3）注意结合差额分析，只有这样才能对公司的历史、现状和未来有较详尽的分析、了解，达到财务分析的目的。

案例——计算资产负债表和利润表财务比率

根据资产负债表和利润表计算财务比率，通过财务比率的计算方法进行财务分析，具体步骤如下。

（1）读取资产负债表数据和利润表数据。

```python
# /usr/bin/env python3
# -*- coding: UTF-8 -*-
import numpy as np     # 导入 NumPy 模块库
# 导入 openpyxl 模块
import openpyxl as op
from openpyxl import Workbook
from openpyxl. styles import Font, Border, Side, Alignment, Color
from openpyxl. styles import Protection, PatternFill, colors
# 加载工作簿
excelPath = r'D:\\NewPython\\2013资产负债表.xlsx'
wb = op.load_workbook(excelPath)
sheets = wb.worksheets
# 获取资产负债表实例数据
sheet1 = sheets[0]
# 获取利润表实例数据
sheet2 = sheets[1]
wb.save('D:\\NewPython\\计算资产负债表财务比率.xlsx')
```

（2）创建财务比率表。

```python
# 定义财务比率名称
sheet1["k2"] = '流动比率'
sheet1["k3"] = '速动比率'
sheet1["k4"] = '存货周转率'
sheet1["k5"] = '存货周转天数'
sheet1["k6"] = '应收账款周转率'
sheet1["k7"] = '应收账款周转天数'
```

```
sheet1["k8"] = '营业周期'
# 设置列宽
sheet1.column_dimensions['K'].width = 30   #设置列宽
sheet1.column_dimensions['L'].width = 30   #设置列宽
# 创建标题
sheet1['K1']='资产负债表财务比率'
# 合并单元格
sheet1.merge_cells('K1:L1')
# 设置第一行格式
font = Font(name='幼圆',size=26,bold=True)
sheet1['K1'].font = font  # 设置标题字体
sheet1['K1'].alignment = Alignment(horizontal='center')  # 标题居中显示
```

（3）计算流动比率。流动比率 = 流动资产 ÷ 流动负债，因此在单元格中输入公式 "=资产负债表实例!E10/资产负债表实例!I9"。

```
sheet1["L2"] = "=E10/I9"
```

流动比率又被称为营运资金比率或流动资金比率，是指被审计单位的全部流动资产与全部流动负债之间的比率。流动比率是衡量短期负债偿还能力最通用的比率，它表明被审单位的流动资产在短期债务到期前，可以变为现金用于偿还流动负债的能力。

流动比率越高，说明短期偿债能力和变现能力越强；反之，则说明短期偿债能力和变现能力越弱。但是，如果流动比率过高，则表明流动资产占用较多，意味着可能存在库存材料积压或产成品滞销问题。

（4）计算速动比率。速动比率=（流动资产-存货-待摊费用）÷ 流动负债，本例中的资产负债表中没有"待摊费用"项目，因此在单元格中输入公式 "=(资产负债表实例!E10-资产负债表实例!E9)/资产负债表实例!I10"。

```
sheet1["L3"] = "=(E10-E9)/I10"
```

速动比率是指被审计单位的速动资产与流动负债之比。所谓速动资产，是指流动资产中最具流动性的部分，一般指扣除存货和待摊费用后的各项流动资产的总和。

速动比率是对流动比率的补充，反映被审计单位的短期清算能力。速动比率高，说明被审计单位清算能力强，偿还债务有保障。由于速动资产中只包括货币资金、短期投资和应收账款等，不包括流动资产中变现能力慢的存货，所以，只要速动比率高，就有较足够的偿债资金。

（5）计算存货周转率。存货周转率 = 销售成本 ÷ 存货平均余额，因此在单元格中输入公式 "=利润表实例!E5/(资产负债表实例!D9+资产负债表实例!E9)*2"。

```
# 获取"利润表实例"中的"销售成本"保存到"资产负债表实例"中的J24
E5 = sheet2["E5"].value
sheet1.cell(24,10,E5)
sheet1["L4"] = "=J24/(D9+E9)*2"
```

> **提示**
>
> 　　由于计算存货周转率的数据分别来自资产负债表和利润表，而资产负债表数据是某一时点的静态数据，利润表数据则是整个报告期的动态数据，所以为了使数据在时间上具有一致性，必须将取自资产负债表上的数据折算成整个报告期的平均额，即"(资产负债表实例!D9+资产负债表实例!E9)/2"。

（6）计算存货周转天数。存货周转天数 = 360 ÷ 存货周转率，因此在单元格中输入公式"=360/L4"。

```
sheet1["L5"] = '=360/L4'
```

（7）计算应收账款周转率。应收账款周转率 = 赊销收入净额 ÷ 应收账款平均余额，因此在单元格中输入公式"=利润表实例!E4/(资产负债表实例!D6+资产负债表实例!E6)*2"。

```
# 获取利润表中的赊销收入净额保存到J25
E4 = sheet2["E4"].value
sheet1.cell(25,10,E4)
sheet1["L6"] = '=J25/(D6+E6)*2'
```

（8）计算应收账款周转天数。应收账款周转天数 = 360 ÷ 应收账款周转率，因此在单元格中输入公式"=360/L6"。

```
sheet1["L7"] = '=360/L6'
```

（9）计算营业周期。营业周期=存货周转天数+应收账款周转天数，因此在单元格中输入公式"=L5+L7"。

```
sheet1["L8"] = '=L5+L7'
```

财务报表计算结果如图 5-7 所示。

图 5-7　资产负债表财务比率

三、盈利能力分析

　　盈利能力反映企业获取利润的能力。只有长期盈利，企业才能真正做到持续经营。

一般用下面几个指标衡量企业的盈利能力。

$$销售毛利率 = (销售收入-成本) \div 销售收入$$

$$营业利润率 = 营业利润 \div 销售收入 = (净利润+所得税+利息费用) \div 销售收入$$

$$净利率 = 净利润 \div 销售收入$$

$$总资产报酬率 = 净利润 \div 总资产平均值$$

$$权益报酬率 = 净利润 \div 权益平均值$$

$$每股利润 = 净利润 \div 流通股总股份$$

上述指标中，销售毛利率、营业利润率和净利率分别说明企业生产（或销售）过程、经营活动和企业整体的盈利能力，其值越高则获利能力越强。总资产报酬率反映股东和债权人共同投入资金的盈利能力。权益报酬率则反映股东投入资金的盈利状况。每股利润只是将净利润分配到每一份股份，目的是更简洁地表示权益资本的盈利情况。衡量上述盈利指标是高还是低，一般要通过与同行业其他企业的水平相比较才能得出结论。

偿债能力、营运能力、盈利能力这 3 个方面是相互关联的。例如，盈利能力会影响短期和长期的效益，而营运能力的效率又会影响盈利能力。因此，财务分析需要综合应用上述比率。

在使用财务比率分析财务业绩时，应结合一个公司的管理制度及经济环境进行比率分析，并且与某种标准进行比较，从而获得对公司经营状况及财务健康状况的深刻认识。如果期望单纯地使用一个或多个比率的计算来洞察一个复杂的现代化公司的财务状况是不明智的。此外，需要注意的是，一个比率没有唯一正确的值。一个特定比率的值偏高、偏低或正好，完全取决于对公司的深刻分析及选用的竞争战略是否对公司最优。

任务四 // 数据透视表分析

任务引入

小明在总结会上，看到别的分公司做出来的财务报表中还有数据透视表。那么，什么是数据透视表？在 Python 中如何制作数据透视表？

知识准备

数据透视表是一种交互式的数据统计表，本任务主要介绍使用数据透视表分析财务数据，使用数据透视表对大量数据进行快速汇总。

当需要对明细数据进行全面分析时，数据透视表是最佳的工具。它有机地结合了分类汇总和合并计算的优点，可以方便地调整分类汇总的依据，灵活地以多种方式来展示数据的特征。

一、数据透视表的组成

数据透视表由字段（页字段、数据字段、行字段、列字段）、项（页字段项、数据项）和数据区域组成。

1. 字段

字段是从源列表或数据库中的字段衍生的数据的分类。例如，"科目名称"字段可能来自源列表中标记为"科目名称"且包含各种科目名称（管理费用、银行存款）的列。如图 5-8 所示，"科目编码""求和项：金额""内容""管理费用"都是字段。

图 5-8 字段示例

（1）行字段、列字段。

- 行字段：在数据透视表中指定为行方向的源数据清单或表单中的字段，如图 5-8 中的"内容"和"科目编码"。包含多个行字段的数据透视表具有一个内部行字段（图 5-8 中的"中行""建行"），它离数据区域最近。任何其他行字段都是外部行字段（图 5-8 中的"科目编码"）。最外部行字段中的项仅显示一次，但其他行字段中的项按需重复显示。

- 列字段：在数据透视表中指定为列方向的源数据清单或表单中的字段，如图 5-8 中的"管理费用"。

（2）页字段、数据字段。

- 页字段：数据透视表中用于对整个数据透视表进行筛选的字段，以显示单个项或所有项的数据，如图 5-8 中的"科目编码"。

- 数据字段：含有数据的源数据清单或表单中的字段，如图 5-8 中的"求和项：金额"。数据字段提供要汇总的数据值。通常，数据字段包含数字，可用 SUM 汇总函数合并这些数据。但数据字段也可包含文本，此时数据透视表使用 COUNT 汇总函数。如果报表有多个数据字段，则报表中出现名为"数据"的字段按钮，用来访问所有数据字段。

2. 项

项是数据透视表中字段的子分类或成员，表示源数据中字段的唯一条目。

- 页字段项：源数据库或表格中的每个字段、列条目或数值。

- 数据项：数据透视表字段中的分类。

例如，"中行"项表示"内容"字段包含条目"中行"的源列表中的所有数据行。

图 5-8 中的“中行”“建行”“张三”“（全部）”都是项。

3. 数据区域

数据区域是指包含行字段和列字段汇总数据的数据透视表区域。例如，在图 5-9 中，B5:F18 为数据区域，其中单元格 B7 包含张三的所有管理费用的汇总值。

	A	B	C	D	E	F
1	科目编码	(全部)				
2						
3	**求和项:金额**	**科目名称**				
4	**内容**	**管理费用**	**银行存款**	**应收账款**	**预收账款**	**总计**
5	中行		400			400
6	建行		400			400
7	张三	100				100
8	李四	100		100	100	300
9	王五			100	100	200
10	三部				100	100
11	四部				100	100
12	首都机场	100		100		200
13	岭上家园	100		100	100	300
14	果岭假日				100	100
15	安全部	200		100		300
16	采购部	200				200
17	财务部	100		100		200
18	**总计**	**900**	**800**	**600**	**600**	**2900**

图 5-9　数据区域

二、创建数据透视表

数据透视表是交互式报表，可快速合并和比较大量数据，还可以通过选择其中页、行和列中的不同数据元素，快速查看源数据的不同统计结果，并能随意显示和打印出感兴趣的区域的明细数据，它提供了一种以不同角度观看数据清单的简便方法。

当要分析数据表中数据的相关汇总值，尤其是要合计较大的数据清单时，使用数据透视表更便捷。

数据透视表其实也是一种表格，使用数据透视表可以对数据进行动态查询，还可以深入分析数值数据。

Pandas 作为编程领域最强大的数据分析工具之一，提供了一个创建数据透视表的函数 pivot_table，用于对大量数据快速汇总，以及建立交叉列表的交互式格式。该函数的调用格式如下：

```
pandas.pivot_table(data,
                   values=None,
                   index=None,
                   columns=None,
                   aggfunc='mean',
                   fill_value=None,
                   margins=False,
                   dropna=True,
                   margins_name='All',
                   observed=False)
```

参数说明：

- data：DataFrame 格式数据。
- values：需要汇总计算的列。
- index：行分组键，一般为用于分组的列名或其他分组键，作为结果 DataFrame 的行索引。
- columns：列分组键，一般为用于分组的列名或其他分组键，作为结果 DataFrame 的列索引。
- aggfunc：聚合函数或函数列表，默认为平均值。
- fill_value：设定缺失替换值。
- margins：是否添加行、列的总计。
- dropna：默认为 True，如果列中的所有值都是 NaN，则将不作为计算列；当 dropna 为 False 时，NaN 将被保留。
- margins_name：汇总行、列的名称，默认为 All。
- observed：是否显示观测值。

案例——使用透视表分析基本开销支出

某企业从 2015 年到 2018 年四个季度的基本开销支出如图 5-10 所示。

年度	项目	员工工资	福利支出	税费	通讯宽带费	硬件软件费	房租水电	推广费	原料费	其他费用
2015年	一季度	172300	1141	1373	1316	1027	1297	1166	1047	1151
2015年	二季度	159700	1819	1272	1452	1795	1729	1210	1811	2000
2015年	三季度	113900	1746	1287	1870	1457	1478	1189	1361	1472
2015年	四季度	162000	1218	1574	1432	1025	1340	1668	1805	1995
2016年	一季度	182300	1141	1373	1316	1027	1297	1166	1047	1151
2016年	二季度	159700	1819	1272	1452	1795	1729	1210	1811	2000
2016年	三季度	113900	1746	1287	1870	1457	1478	1189	1361	1472
2016年	四季度	136000	1218	1574	1432	1025	1340	1668	1805	1995
2017年	一季度	123300	1141	1373	1316	1027	1297	1166	1047	1151
2017年	二季度	159700	1819	1272	1452	1795	1729	1210	1811	2000
2017年	三季度	113900	1746	1287	1870	1457	1478	1189	1361	1472
2017年	四季度	127000	1218	1574	1432	1025	1340	1668	1805	1995
2018年	一季度	169300	1141	1373	1316	1027	1297	1166	1047	1151
2018年	二季度	195700	1819	1272	1452	1795	1729	1210	1811	2000
2018年	三季度	132900	1746	1287	1870	1457	1478	1189	1361	1472
2018年	四季度	135000	1218	1574	1432	1025	1340	1668	1805	1995

图 5-10　企业基本开销支出

解： PyCharm 程序如下：

```python
# /usr/bin/env python3
# -*- coding: UTF-8 -*-
import numpy as np   # 导入 NumPy 模块库
import pandas as pd  # 导入 Pandas 模块库
import openpyxl      # 导入 openpyxl 模块库
# 输出数据列名与数据对齐方式
pd.set_option('display.unicode.ambiguous_as_wide',True)
pd.set_option('display.unicode.east_asian_width',True)
file = 'D:\\NewPython\\企业基本开销支出.xlsx'  # 定义 Excel 文件路径
# 读取指定路径下的文件
```

```
excel_data=pd.read_excel(file,sheet_name=0)    # 读取表格数据
print('*'*10,'导入企业基本开销和支出数据','*'*10)
print(excel_data)
excel_data.to_excel('D:\\NewPython\\企业基本开销支出透视表.xlsx')
# 使用透视表做分析:
# 计算每个年度员工工资
result1=pd.pivot_table(excel_data,index='年度',values=['员工工资'], \
        aggfunc=np.sum)
print(result1.head())    # 显示前 5 行数据
# 计算每年每个季度员工平均工资
result2=pd.pivot_table(excel_data,index=['项目'],aggfunc=np.mean,\
        values=['员工工资'])
print(result2.head(10))
# 将透视数据保存到表格中
from openpyxl import load_workbook
# 被写入 Excel 工作表
book=load_workbook('D:\\NewPython\\企业基本开销支出透视表.xlsx')
#建立写入对象
write = pd.ExcelWriter(r'D:\\NewPython\\企业基本开销支出透视表.xlsx',\
                    engine='openpyxl')
write.book = book
# 写入数据
header1 = pd.DataFrame(['每个年度员工工资'])
header2 = pd.DataFrame(['每年每个季度员工平均工资'])
header1.to_excel(write,sheet_name='Sheet2',header=False,index=False)
header2.to_excel(write,sheet_name='Sheet2',
        header=False,index=False,startcol=4)
result1.to_excel(write,sheet_name='Sheet2',startrow=1)
result2.to_excel(write,sheet_name='Sheet2',startrow=1,startcol=4)
write.save()
write.close()
```

运行结果如下, 生成的表格如图 5-11 和图 5-12 所示。

```
********** 导入企业基本开销和支出数据 **********
```

	年度	项目	员工工资	福利支出	...	房租水电	推广费	原料费	其他费用
0	2015 年	一季度	172300	1141	...	1297	1166	1047	1151
1	2015 年	二季度	159700	1819	...	1729	1210	1811	2000
2	2015 年	三季度	113900	1746	...	1478	1189	1361	1472
3	2015 年	四季度	162000	1218	...	1340	1668	1805	1995
4	2016 年	一季度	182300	1141	...	1297	1166	1047	1151
5	2016 年	二季度	159700	1819	...	1729	1210	1811	2000
6	2016 年	三季度	113900	1746	...	1478	1189	1361	1472

7	2016年	四季度	136000	1218	...	1340	1668	1805	1995
8	2017年	一季度	123300	1141	...	1297	1166	1047	1151
9	2017年	二季度	159700	1819	...	1729	1210	1811	2000
10	2017年	三季度	113900	1746	...	1478	1189	1361	1472
11	2017年	四季度	127000	1218	...	1340	1668	1805	1995
12	2018年	一季度	169300	1141	...	1297	1166	1047	1151
13	2018年	二季度	195700	1819	...	1729	1210	1811	2000
14	2018年	三季度	132900	1746	...	1478	1189	1361	1472
15	2018年	四季度	135000	1218	...	1340	1668	1805	1995

```
[16 rows x 11 columns]
        员工工资
年度
2015年    607900
2016年    591900
2017年    523900
2018年    632900
        员工工资
项目
一季度    161800
三季度    118650
二季度    168700
四季度    140000
```

图 5-11　企业基本开销支出透视表

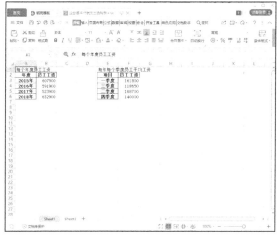

图 5-12　数据透视表结果

项目总结

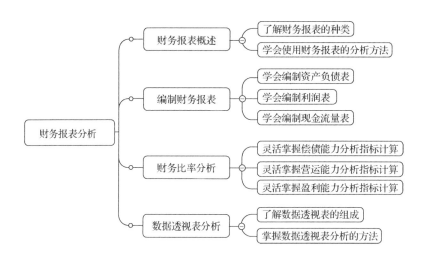

项目实战

实战 1　创建财务比率分析表

进行财务分析时，计算财务指标的数据来源主要有以下几个方面：直接从资产负债表中取得，如净资产比率；直接从利润表中取得，如销售利润率；同时来源于资产负债表和利润表，如应收账款周转率；部分来源于企业的账簿记录，如利息支付能力。

创建财务比率分析表的步骤如下。

（1）录入资产负债表实例数据，如图5-13所示；录入利润表实例数据，如图5-14所示。

```
# /usr/bin/env python3
# -*- coding: UTF-8 -*-
import numpy as np    # 导入NumPy模块库
# 导入openpyxl模块库
import openpyxl as op
from openpyxl import Workbook
from openpyxl. styles import Font, Border, Side, Alignment, Color
from openpyxl. styles import Protection, PatternFill, colors
# 加载工作簿
excelPath = r'D:\\NewPython\\2013资产负债表.xlsx'
wb = op.load_workbook(excelPath)
sheets = wb.worksheets
# 获取资产负债表实例数据
sheet1 = sheets[0]
# 获取利润表实例
sheet2 = sheets[1]
wb.save('D:\\NewPython\\2013资产负债表财务指标分析.xlsx')
```

资　产	行次	年初数	年末数	负债及所有者权益	行次	年初数	年末数
资 产 负 债 表							单位：元
编制单位：			2013-12-31				
流动资产：	1			流动负债：	1		
货币资金	2	2,000,000.00	3,000,000.00	短期借款	2	1,000,000.00	1,000,000.00
应收账款	3	0.00	3,000,000.00	应付账款	3	2,000,000.00	300,000.00
减：坏账准备	4		500,000.00	应付工资	4	0.00	300,000.00
应收账款净值	5	0.00	2,500,000.00	应交税金	5	0.00	200,000.00
存货	6	3,000,000.00	4,000,000.00	流动负债合计	6	3,000,000.00	1,800,000.00
流动资产合计	7	5,000,000.00	9,500,000.00	负债合计	7	3,000,000.00	1,800,000.00
固定资产	8			所有者权益	8		
固定资产原值	9	5,000,000.00	5,000,000.00	实收资本	9	5,000,000.00	6,000,000.00
减：累计折旧	10	500,000.00	500,000.00	资本公积	10	1,000,000.00	5,000,000.00
固定资产净值	11	4,500,000.00	4,500,000.00	盈余公积	11	700,000.00	500,000.00
固定资产合计	12	4,500,000.00	4,500,000.00	未分配利润	12	300,000.00	1,200,000.00
无形资产及其他资产：	13			所有者权益合计	13	7,000,000.00	12,700,000.00
无形资产	14	500,000.00	500,000.00		14		
无形资产及其他资产合计	15	500,000.00	500,000.00		15		
资产总计	16	10,000,000.00	14,500,000.00	负债及所有者权益合计	16	10,000,000.00	14,500,000.00

图5-13　录入资产负债表实例数据

Python 财务基础

	A	B	C	D	E
1		利 润 表			
2		编制单位：		2013年12月	单位：元
3		项 目	行次	上年数	本年数
4		一、主营业务收入	1		3,000,000.00
5		减：主营业务成本	2		500,000.00
6		二、主营业务利润	3		2,500,000.00
7		减：营业费用	4		250,000.00
8		管理费用	5		350,000.00
9		财务费用	6		100,000.00
10		三、营业利润	7		1,800,000.00
11		四、利润总额	8		1,100,000.00
12		减：所得税	9		363,000.00
13		五、净利润	10		737,000.00

图 5-14　录入利润表实例数据

（2）新建工作表，并将其重命名为"财务比率分析"，输入表头等信息，输入相关文本信息。

```python
sheet3 = wb.create_sheet("财务比率分析")
# 定义数据
data = ['编制单位：','分析项目','变现能力比率：','流动比率',\
'速动比率','资产管理比率：','营业周期','存货周转率','存货周转天数',\
'应收账款周转率','应收账款周转天数','流动资产周转率','总资产周转率',\
'负债比率：','资产负债率','产权比率','有形净值债务率','已获利息倍数',\
'盈利能力比率：','销售净利率','销售毛利率','资产报酬率','权益报酬率']
# 表格赋值
alig = Alignment(indent=1,horizontal='left')
for i in range(1,len(data)+1):
    sheet3.cell(row=i, column=2).value = data[i - 1]
    sheet3.cell(row=i, column=2).alignment = alig
sheet3.cell(2,3,'2013年')
# 设置列宽
sheet3.column_dimensions['A'].width = 2  #设置列宽
sheet3.column_dimensions['B'].width = 30  #设置列宽
sheet3.column_dimensions['C'].width = 30  #设置列宽
# 插入表格标题
sheet3.insert_rows(1)  #在第一行上面插入空行
sheet3['B1']='财务比率分析'
# 设置第一行格式
font = Font(name='幼圆',size=26,bold=True)
sheet3['B1'].font = font  # 设置标题字体
sheet3['B1'].alignment = Alignment(horizontal='center')  # 标题居中显示
# 合并单元格
sheet3.merge_cells('B1:C1')
# # 设置对齐格式
sheet3['C3'].alignment=Alignment(horizontal='right')  # 靠右显示
# 设置单元格缩进
```

200

```
for i in  [2,3,4,7,15,20]:
    row = sheet3.cell(i,2)
    row.font = Font(bold=True)
    row.alignment=Alignment(indent=0,horizontal='left')
# 设置表格边框
border1 = Border(left=Side(border_style='double', color="000079"))
border2 = Border(right=Side(border_style='double', color="000079"))
border3 = Border(top=Side(border_style='double', color="000079"))
border4 = Border(bottom=Side(border_style='double', color="000079"))
# 设置左侧边框线
for i in  range(1, 25 + 1):
    col =sheet3.cell(row=i, column=2)
    col.border = border1
# 设置右侧边框线
for i in range(1, 25 + 1):
    col = sheet3.cell(row=i, column=3)
    col.border = border2
# 设置上方边框线
for i in  range(2, 3 + 1):
    row =sheet3.cell(row=1, column=i)
    row.border = border4
# 设置下方边框线
for i in range(2, 3 + 1):
    row = sheet3.cell(row=25, column=i)
    row.border = border3
wb.save('D:\\NewPython\\2013资产负债表财务指标分析.xlsx')
```

运行结果如图 5-15 所示。

图 5-15　财务比率分析

实战 2　编写利润表表格

利润表以"收入–费用=利润"为理论基础进行编制，它反映的是一个时期内会计主体经营活动成果的变动。

1. 创建利润表

创建利润表的操作步骤如下。

（1）新建工作表"编制利润表"。

```
# /usr/bin/env python3
# -*- coding: UTF-8 -*-
import numpy as np    # 导入 NumPy 模块库
# 导入 openpyxl 模块库
import openpyxl as op
from openpyxl import Workbook
from openpyxl. styles import Font, Border, Side, Alignment, Color
from openpyxl. styles import Protection, PatternFill, colors
# 创建工作簿
excelPath = r'D:\\NewPython\\编制利润表.xlsx'
wb = op.Workbook()
sheet = wb.active  # 获取当前活动表格 Sheet 对象
```

（2）建立利润表框架，输入利润表项目和行次，输入表头等信息，并对单元格信息进行格式化设置。

```
# 创建利润表框架
# 定义数据
data1 = ['一、主营业务收入','减：主营业务成本','主营业务税金及附加',\
    '二、主营业务利润','加：其他业务利润','减：营业费用','管理费用','财务费用',\
    '三、营业利润','加：投资收益','补贴收入','营业外收入','减：营业外支出',\
    '四、利润总额','减：所得税','少数股东损益','加：未确认的投资损失','五、净利润']
date2 = np.linspace(1,19,18)
sheet['A1'].value = '项目'
sheet['B1'].value = '行次'
sheet['C1'].value = '二月'
sheet['D1'].value = '三月'
sheet['E1'].value = '本年累计数'
sheet.cell(20,1,'制表：')
sheet.cell(20,2,'复核：')
sheet.cell(20,3,'会计主管：')
# 设置列宽
sheet.column_dimensions['A'].width = 30   #设置列宽
sheet.column_dimensions['B'].width = 18   #设置列宽
sheet.column_dimensions['C'].width = 25   #设置列宽
sheet.column_dimensions['D'].width = 20   #设置列宽
```

```
sheet.column_dimensions['E'].width = 40  #设置列宽
# 表格赋值
for i in range(2, 20):
    sheet.cell(row=i, column=1).value = data1[i - 2]
    sheet.cell(row=i, column=2).value = date2[i - 2]
    sheet.row_dimensions[i].height = 20  #设置行高
# 插入表格标题
sheet.insert_rows(1,3)  #在第一行上面插入空行
sheet['A1']='利润表'
sheet['A2']='会 02 表 1'
sheet['A3']='编制单位'
sheet['E3']='单位：人民币元'
```

（3）输入利润表项目和行次，设置字体为"宋体"，字号为 10，颜色为深蓝色。

```
# 定义字体样式
font = Font(name='宋体',size=10,color="000079")
# 设置对齐方式
alige = Alignment(horizontal='center',vertical='center')
# 设置表格边框
border = Border(\
        top=Side(border_style='double', color="FF0000"), \
        bottom=Side(border_style='double', color="FF0000"))
border1 = Border(bottom=Side(border_style='double', color="FF0000"))
border2 = Border(left=Side(border_style='double', color="FF0000"),)
# 设置单元格填充样式
fill = PatternFill(fill_type='lightUp', fgColor="FF5809")
# 整个表格应用自定义样式，字体与对齐方式
for row in sheet.rows:
    for cell in row:
        cell.font = font
        cell.alignment = alige
# 设置第 4 行边框线、字体加粗、填充颜色、加粗
for i in  range(1, 5 + 1):
    row4=sheet.cell(row=4, column=i)
    row4.font = Font(bold=True)
    row4.border = border
    row4.fill = fill
# 设置第 22 行边框线
for i in  range(1, 5 + 1):
    row22 =sheet.cell(row=22, column=i)
    row22.border = border1
# 设置第 5 列边框线
for i in range(4, 22 + 1):
    col5 = sheet.cell(row=i, column=6)
    col5.border = border2
```

Python 财务基础

```python
# 合并单元格
sheet.merge_cells('A1:E1')
sheet.merge_cells('A2:E2')
sheet.merge_cells('B3:C3')
# 设置第一行格式
font1 = Font(name='幼圆',size=26,bold=True,color=Color(indexed=10))
sheet['A1'].font = font1    # 设置标题字体
sheet['A1'].alignment = alige  # 标题居中显示
# 设置对齐格式
sheet['A2'].alignment=Alignment(horizontal='right')   # 靠右显示
sheet['A23'].alignment=Alignment(horizontal='left')   # 靠左显示
# 设置单元格缩进
sheet.cell(3,1).alignment=Alignment(indent=0)
for i in [5,8,13,18,22]:
    row = sheet.cell(i,1)
    row.font = Font(bold=True,color="000079")
    row.alignment=Alignment(indent=0)
for i in [6,9,10,14,17,19,21]:
    row = sheet.cell(i,1)
    row.alignment=Alignment(indent=2,horizontal='left')
# 保存文件
wb.save(excelPath)
```

运行结果如图 5-16 所示。

	A	B	C	D	E
1			利润表		
2					会02表1
3	编制单位			单位：人民币元	
4	项目	行次	二月	三月	本年累计数
5	一、主营业务收入	1			
6	减 主营业务成本	2			
7	主营业务税金及附加	3			
8	二、主营业务利润	4			
9	加 其他业务利润	5			
10	减 营业费用	6			
11	管理费用	7			
12	财务费用	8			
13	三、营业利润	9			
14	加 投资收益	10			
15	补贴收入	11			
16	营业外收入	12			
17	减 营业外支出	13			
18	四、利润总额	14			
19	减 所得税	15			
20	少数股东损益	16			
21	加 未确认的投资损失	17			
22	五、净利润	18			
23	制表:	复核:	会计主管:		

图 5-16　利润表

从图 5-16 中可以看出，利润表的项目分为利润构成和利润分配两部分。

利润构成部分首先展示主营业务收入，其次减去主营业务成本得出主营业务利润；再次减去各种费用后得出营业利润（或亏损）；最后加减营业外收入和营业外支出得到利润（或亏损）总额。

利润分配部分先将利润总额减去应交所得税后得出税后利润；其下即为按分配方案提取的公积金和应付利润；如有余额，即为未分配利润。

利润表中的利润分配部分如果单独划出展示，则为利润分配表。利润分配表按月编制，是利润表的附表，用来说明利润表上反映的净利润的分配去向。通过利润分配表，可以了解企业实现净利润的分配情况或亏损的弥补情况，了解利润分配的构成，以及年末未分配利润的数据。

2．填制利润表

利润表中各项目的数据来源主要根据各损益类科目的发生额进行分析填写。填写利润表的步骤如下。

（1）在单元格 C5:E22 中根据实际情况输入数字，本例输入 0。

```
#遍历表格C5:E22
for row in range(5,sheet.max_row):
  for col in range(3,sheet.max_column):
   sheet.cell(row,col,"0")
```

（2）计算 C5 单元格的主营业务收入。

```
sheet['C5'] = 80000.00
```

（3）计算 C11 单元格的管理费用。

```
sheet['C11'] = -8000.00
```

（4）计算利润总额。选中 C18 单元格，输入公式"=C5-C6-C7+C8+C9-C10-C11-C12+C13+C14+C15+C16-C17"。

```
sheet["C18"] = "=C5-C6-C7+C8+C9-C10-C11" \
            "-C12+C13+C14+C15+C16-C17"
```

（5）计算二月的净利润。选中 C22 单元格，输入公式"=C18-C19-C20+C21"。

```
sheet["C22"] = "=C18-C19-C20+C21"
```

（6）计算本年主营业务收入的总和。选中 E5 单元格，输入公式"=C5+D5"。

```
sheet["E5"] = "=C5+D5"
```

（7）计算本年管理费用的总和。选中 E11 单元格，输入公式“=C11+D11”。

```
sheet["E11"] = "=C11+D11"
```

（8）计算本年的利润总额。选中 E18 单元格，输入公式“=C18+D18”。

```
sheet["E18"] = "=C18+D18"
```

（9）计算本年的净利润。选中 E22 单元格，输入公式“=C22+D22”。

```
sheet["E22"] = "=C22+D22"
```

（10）保存结果。

```
wb.save(excelPath)
```

利润表最终效果如图 5-17 所示。

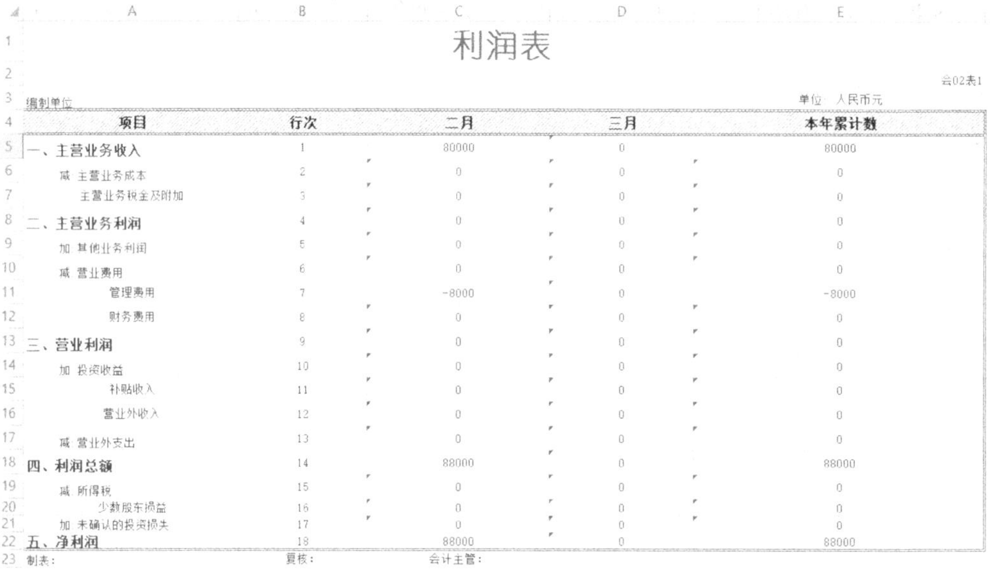

利润表

会02表1

编制单位　　　　单位：人民币元

项目	行次	二月	三月	本年累计数
一、主营业务收入	1	80000	0	80000
减 主营业务成本	2	0	0	0
主营业务税金及附加	3	0	0	0
二、主营业务利润	4	0	0	0
加 其他业务利润	5	0	0	0
减 营业费用	6	0	0	0
管理费用	7	-8000	0	-8000
财务费用	8	0	0	0
三、营业利润	9	0	0	0
加 投资收益	10	0	0	0
补贴收入	11	0	0	0
营业外收入	12	0	0	0
减 营业外支出	13	0	0	0
四、利润总额	14	88000	0	88000
减 所得税	15	0	0	0
少数股东损益	16	0	0	0
加 未确认的投资损失	17	0	0	0
五、净利润	18	88000	0	88000

制表：　　复核：　　会计主管：

图 5-17　利润表最终效果

实战 3　创建产品分析图表

根据表 5-5 中的数据，创建 A1、A2、A3 三种产品的分析图表，具体操作步骤如下。

表 5-5　三种产品全年数据表

月份	产品名称		
	A1	A2	A3
1 月	5679	6653	9869
2 月	6949	5569	8972
3 月	6329	4569	9642
4 月	6526	5562	8992

月份	产品名称		
	A1	A2	A3
5 月	6573	6012	9626
6 月	7296	7259	8596
7 月	6398	8629	7996
8 月	8275	7956	8279
9 月	9632	8969	9326
10 月	10056	9972	9972
11 月	11326	9196	9156
12 月	12096	10231	9008

（1）创建表格数据。

```
# /usr/bin/env python3
# -*- coding: UTF-8 -*-
# 导入模块
import openpyxl
from openpyxl import Workbook, load_workbook
from openpyxl.chart import ScatterChart, Series, Reference
from openpyxl.chart import LineChart, BarChart, PieChart
from openpyxl import Workbook
from openpyxl. styles import Font, Border, Side, Alignment, Color
from openpyxl. styles import Protection, PatternFill, colors
# 创建工作表对象
wb=Workbook()
ws=wb.active  # 获取当前表格窗口
data = [
    ['月份\产品名称','A1','A2','A3'],
    ['1 月',5679,6653,9869],
    ['2 月',6949,5569,8972],
    ['3 月',6329,4569,9642],
    ['4 月',6526 ,5562 ,8992],
    ['5 月',6573 ,6012 ,9626],
    ['6 月',7296,7259 ,8596],
    ['7 月',6398 ,8629,7996],
    ['8 月',8275 ,7956,8279],
    ['9 月',9632 ,8969 ,9326],
    ['10 月',10056,9972 ,9972],
    ['11 月',11326, 9196,9156],
    ['12 月',12096,10231 ,9008]]
# 将数据写入表格中
for row in data:
    ws. append(row)
#  数据分析
row = ws.max_row  # 计算最大行
column = ws.max_column  # 计算最大列
```

```
# 公式计算
ws['A{0}'.format(row+1)].value = "合计"
ws.cell(row = row + 1, column = 2).value = "=SUM(B2:B13)".format(row)
ws.cell(row = row + 1, column = 3).value = "=SUM(C2:C{0})".format(row)
ws.cell(row = row + 1, column = 4).value = "=SUM(D2:D13)".format(row)
# 定义字体样式
font = Font(name='宋体',size=12,bold=True,color="ffffff")
fill = PatternFill(fill_type='solid', fgColor="000079")
# 应用自定义样式
for i in range(1,column+1):
    ws.cell(row = row+1, column = i).font = font
    ws.cell(row = row+1, column = i).fill = fill
# 插入表格标题
ws.insert_rows(1)  #在第一行上面插入空行
ws['A1']='产品数据分析表'
# 设置第一行格式
font = Font(name='幼圆',size=20,bold=True)
ws['A1'].font = font  # 设置标题字体
ws['A1'].alignment = Alignment(horizontal='center')  # 标题居中显示
# 合并单元格
ws.merge_cells('A1:D1')
```

（2）利用折线图与柱形图进行财务数据分析。

```
# 绘制折线图
chart1 = LineChart()
chart1.title = '三种产品月度销售额' # 图的标题
chart1.style = 12
chart1.y_axis.title = '金额' # y坐标的标题
chart1.x_axis.title = '月份' # x坐标的标题
# 图像的标签数据起始行、起始列、终止行、终止列
data = Reference(ws, min_col=2, min_row=2,\
                max_col=4, max_row=row+1)
chart1.add_data(data, titles_from_data=True)
# 定义图例
dates = Reference(ws, min_col=1, min_row=3,max_row=row+1)
chart1.set_categories(dates)
ws.add_chart(chart1, "G1") # 将图表添加到 Sheet 中
# 创建柱形图
chart1=BarChart()
chart1.type="col"
chart1.style=10
chart1.title="各种产品对比图"
chart1.add_data(data, titles_from_data=True)
chart1.set_categories(dates)
```

```
ws.add_chart(chart1,"G16")
```

```
# 保存
wb.save('D:\\NewPython\\A 产品分析图表.xlsx')
```

运行结果如图 5-18 所示。

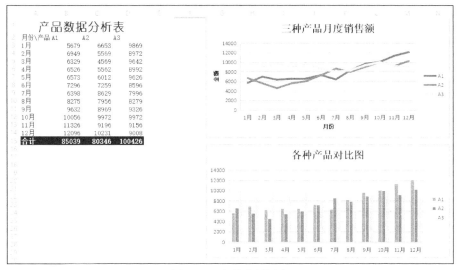

图 5-18 产品分析图表